執行役員

吉田春樹

執行役員　目次

第一部　執行役員制度

第一部　執行役員制度

第1章　執行役員制度の誕生

ソニーから始まった執行役員制度

執行役員制度を最初に創設したのは、ソニーである。

わが国の執行役員制度がこのエクセレント・カンパニーで誕生したのは、幸いなことであった。なぜならば、執行役員制度を採用する企業はあっという間に一〇〇〇社を超えると考えられるが、時代の落とし子ともいうべきこの執行役員制度が、法制度上認知され、経済社会に定着するまでには、まだ多難な道を歩まなければならないからである。その意味で、ソニーという日本を代表する企業からこの制度が誕生したことは、その原点をしっかりと示す意味で、意義のあることである。

執行役員制度は、アメリカのエグゼクティヴ・オフィサー（Executive Officers）制度をモデルにして創設されたものである。アメリカでは、取締役（Directors）のほかに、取締役会の委任を受けて日常の業務を執行するエグゼクティヴ・オフィサーが存在する。ソニーに執行役員制度が誕生したのは、一九九七年のことである。しかし、この二年余の間に、執行役員制度を採用するわが国上場企業は、一気に一八〇社に達した。それは、日本企業の現在置かれた経営環境にその必然性があったからであり、私は、今後も執行役員制度導入企業は急増すると見ている。すなわち、ソニーで誕生した執行役員制度が、デファクト・スタンダード（事実上の標準）化しつつあるのだ。アメリカにおけるエグゼクティヴ・オフィサーを、改めて日本名で執行役員と命名したのもソニーである。適切な呼称であると思う。

さて、日本で、なぜ執行役員なのか。執行役員については、すでに法律専門雑誌で数多く扱われており、法律的観点からの専門書も何冊か見受けられるようになった。本書は、この執行役員を、主に経営的、経済的観点から論じてみようとするものである。もちろん、法律家の間の議論は十分に踏まえるつもりであるが、広く経営者や一般ビジネスマンに、実務上の参考にしていただくのが本書の狙いである。

本書は、三部構成になっている。

この第一部では、ソニーをはじめ執行役員制度導入の動きのナマ情報を紹介しながら、執行役員制度とは何かを考えたいと思う。

第二部では、執行役員制度誕生の真の理由は何か。それは、よく言われているような取締役の数を減らすためだけではないはずである。日本で、いま、なぜ執行役員制度なのか。その背景にある日本経済の深層を探ってみたい。

そして、第三部で、経営機関としての取締役や取締役会、それと執行役員との役割分担、あるいはその相互関係について分析してみる。

さて、話をソニーに戻そう。ソニー自体の企業内容については、詳しく紹介するまでもないであろう。一九九九年三月期決算でみると、連結対象の子会社数は一〇四一社、持分法適用会社数は六五社、グループ社員数は一七万七〇〇〇名、ソニー本体（ソニー株式会社）の外国人持株比率は四五％となっている。一九九八年度の業績は、連結ベースでみて、売上高が六兆七九四六億円、このうち六九％がオーディオ、情報通信などソニーの分類によるエレクトロニクスの事業分野の売上げで、残りの三一％がゲーム、音楽、映画、保険などその他の事業分野の売上げである。地域別売上高は、日本が二八％、アメリカ三二％、ヨーロッパ二五％、その他一六％となっている。経営の意思が明確で、常に新しい事業に挑戦する企業であって、日本を代表する世界的規模のエクセレント・カンパニーと評価できる。

さて、このソニーでは、カンパニー制導入に端を発する一連の経営機構改革の一環として、一九九七年に取締役会の改革と執行役員制度の導入が実施された。すなわち、まず、一九九四年四月に、カンパニーと呼ばれる擬似的な分社経営のシステムが導入された。各事業組織であるこのカンパニーへは、大幅な権限委譲がおこなわれた。九六年四月には、このカンパニーは、それまでの八つのカンパニーから、新しい一〇のカンパニーに再編成された。さらに同じ時期に、本社機能の強化がおこなわれている。すなわち、本社の組織・機能は、「エグゼクティヴ・スタッフ」（経営戦略・企画的機能）と「コーポレートセンター」（財務、法務などの専門機能）に整理され、これらがグループ全体の本社機能（グループ本社）として位置づけられた。

このような過程を経て実施されたのが、一九九七年六月の取締役会の改革と執行役員制度の導入である。この改革により、取締役会は、ソニーグループ全体の経営方針および重要事項を決定するとともに、ソニー本体ならびにグループ企業の業務執行を監督するとされた。他方、個別の事業・業務の遂行の責任を全うするために、新たに「執行役員」が導入された。

商法第二六〇条一項では、「取締役会ハ会社ノ業務執行ヲ決シ取締役ノ職務ノ執行ヲ監督ス」としているが、同時に同法第二六一条一項の「会社ハ取締役会ノ決議ヲ以テ会社ヲ代表スベキ取締役ヲ定ムルコトヲ要ス」により、取締役会の決議によって、代表取締役を選任することが求められ、この代表取締役が業務執行権限を掌握するとされている。ソニーでは、執行役員制度の導入に当たり、取締役会の決議により、その一定の権限と責任を代表取締役およびその指揮下の執行役員に大幅に権限委譲したとしている。

ソニーでは、この年六月二七日に開催された定時株主総会後の取締役会において、それまで取締役であった者のうち一八名が取締役を辞任するとともに執行役員に選任され、これに新たに九名の執行役員が選任され、合わせて二七名の執行役員が誕生した。また、その結果、取締役の数は、それまでの三八名から社外取締役三名を含む一〇名となったが、そのうち、代表取締役である社内取締役七名も、業務執行の最高責任者としての位置づけから、執行役員を兼務するとされた。なお、ソニーでは、その後非取締役の執行役員の数が三六名まで増えたが、私は、ソニーの事業規模から考えて、その数を決して過大なものとは思わない。創設当時の執行役員の位置づけを何ら変えるものではない。

ソニーで、取締役を退任して新執行役員となったのは、個々の業務執行の責任者であった取締役（使用人兼務の取締役）である。このことは、一般従業員の昇進のゴールが、これまでの取締役ではなく、執行役員であることを意味するものである。もっとも、今後、非取締役の執行役員の中から取締役に登用される人が出ないということではない。日本では、アメリカと異なり、当分の間は社外取締役が多数を占める取締役会運営は難しいのではないかと考えられる。したがって、これからも限られた数ではあるが、社内から取締役が生まれることになる。ただ、そこに求められている資質は、執行役員のそれと異なるものである。執行役員制度の産みの親ともいうべきソニーの出井伸之社長は、「長い目で見た戦略を考える取締役と、事業の現場を切り盛りする執行役員では、人材のタイプも違う」(『日経ビジネス』一九九八年七月二〇日号)とコメントしている。

執行役員制度はリストラされた取締役の受け皿か

ソニーの執行役員制度は、誕生の経緯から見て、その趣旨は明快である。同時に多くの経営機構改革がおこなわれ、いくつかの経営機関の中で、執行役員制度がきちんと位置づけられているからである。

しかし、ソニーに執行役員制度が導入されてからわずか二年半しか経っていないのに、上場企業の中でも大手クラスの企業がいっせいに執行役員制度の導入を始めた。いま日本経済は激変期にさしかかっている。一九九〇年代に入り、企業の経営環境は大きく変化した。各企業とも、経営のあり方について問題意識や悩みは大きい。それぞれが自社の経営改革について検討していたに相違ない。そこにソニーの執行役員制度が登場した。自らが抱えている課題と照らし合わせ、「これだ」という一つの答えを見つけた思いで、この制度に飛びついた企業も少なくないに違いない。

その問題意識の一つに、これだけ経営合理化を進め、従業員の削減を進めようというときに、経営者の方はどうするのだ、ということがあるようだ。たしかに、わが国企業の取締役の数は増えすぎてしまった。アメリカでは、取締役の数は一企業一〇人前後か、せいぜい十数人である。これに対し、日本では二〇人、三〇人という取締役を抱えている企業はザラである。図表1に示すように合併企業や大規模メーカー、金融機関、総合商社、大手ゼネコンなどでは、取締役と監査役を合わせて四〇人を超える場合も珍しくない。

なぜ、こんなに取締役が増えてしまったのか。その一つの理由に、日本の企業組織においては、取締役になることがサラリーマンを志した従業員にとってゴールであるということにある。取締役の年齢が何歳ぐらいかは、各企業の歴史や年功序列の立て方で異なるが、一般論で言って、現在各企業でシニア・クラスの取締役ポストを占め始めたのは、終戦直後に生まれた、いわゆる団塊の世代である。彼らは、高度成長が終盤の最盛期を迎えた一九六〇年代の終わりから七〇年代にかけて社会人になった人たちである。各企業は、彼らをこぞって大量採用した。その彼らを、企業内でどう処遇するか。その一つの答えが、同期の中から一人でも多くの者を取締役に昇進させることにあったのだ。

一方、社会もそのことを求めた。日本はまだ肩書き社会である。自分の商談相手の責任者が取締役の肩書きを持っているかどうかは、気になるところである。社内でどういう評価を受けている人物なのか、肩書きを物差しにしてそれを知りたいのだ。銀行の人事異動で、支店長が取締役から平行員に代わっただけで、取引先が失望して他の銀行へ取引きを移してしまい、預

図表1　役員数の多い会社

順位	社　　名	99年(人)	前年比(人)
1	トヨタ自動車	61	0
2	東京三菱銀行	55	▲5
3	鹿島	54	▲3
4	新日本製鐵	52	3
5	大林組	51	▲3
6	三井物産	46	▲1
7	アサヒビール	45	0
7	太平洋セメント	45	—
9	三菱商事	44	▲6
10	丸紅	43	▲7
11	NEC	42	0
11	アサツーディ・ケイ	42	—
13	三菱重工業	41	0
13	三井化学	41	▲5
15	京セラ	40	▲3
15	三菱自動車工業	40	0
15	本田技研工業	40	0
15	熊谷組	40	▲2
15	五洋建設	40	▲3
15	クボタ	40	▲3
15	東京海上火災保険	40	▲1
22	JR東日本	39	0
22	住友商事	39	▲4
22	西松建設	39	0
22	中部電力	39	1
22	東京電力	39	0
27	関西電力	38	2
27	浅沼組	38	▲3
27	いすゞ自動車	38	▲1
30	キリンビール	37	▲1
30	三菱マテリアル	37	▲6
30	三井建設	37	1
30	あさひ銀行	37	▲2
30	第一勧業銀行	37	0
30	大日本印刷	37	0
36	凸版印刷	36	0
36	コジマ	36	2
36	野村証券	36	0
36	富士通	36	0
36	デンソー	36	▲3
36	松下電器産業	36	0
36	NKK	36	▲2
36	オリエントコーポレーション	36	0

(注) 株式公開会社を対象に役員数（取締役と監査役の合計，非取締役執行役員は含まない）の多い順にランキング．調査時点は原則99年7月31日．前年比は1年前の同時点との比較．▲はマイナス．「—」は合併会社のため，前年データなし．東洋経済新報社調査（「週刊東洋経済」1999年9月25日号）

金が減少してしまったという話がある。

これまでの日本社会の取引き慣行では、このようなことがおこなわれてきた。そこで、企業(社長など最高経営責任者)としても、多少のコスト高で済むことであって、それだけ役職員が張り切って働いてくれ、取引先も喜んでくれるのであれば、少々取締役の数を増やしても問題はないのではないか。そんな気持ちで取締役数を徐々に多くしてきた。その結果が、今日のような結果を招いてしまったのだ。

しかし、いつまで待っても景気は回復しない。そればかりか、思い切った経営合理化をしないと、いよいよわが社の将来も危なくなってきた。そんな思いのところに、突如登場したのが執行役員制度である。幸い、他社も採用するという。本人に、担当業務や処遇はこれまでと何ら変わらないと説明すれば、しぶしぶながらでも納得してくれるのではないか。実は、ソニーも、執行役員制度を発足させる理由として、取締役の数が増えすぎてしまったために取締役会が本来の機能を果たせなくなってしまったことを挙げている。裏返して言えば、取締役の数が多過ぎたのである。

どうやら、執行役員制度創設の理由は、取締役数の削減にあるらしい。そうであるとすれば、執行役員制度はリストラされた取締役の受け皿かという疑問が湧いてくる。はたして、そうであろうか。

日本の役員制度、アメリカの役員制度

日本の執行役員のモデルが、アメリカのエグゼクティヴ・オフィサーにあることはすでに述べた。実は、日本の役員とアメリカの役員とでは、制度面で大きな違いがあるのだ。その主な点を並べてみよう。ただし、アメリカは、会社の組織に関しては各州に立法権があるため、その全体像を述べることは困難である。ここでは、代表例について概観してみよう。

日本とアメリカの役員制度の違いは、第一に、ここで取り上げている執行役員制度が挙げられる。この点については、後に詳述する。違いの第二としては、監査役制度が挙げられる。わが国には監査役制度があるが、アメリカにはこれがない。むしろ、監査役制度は、わが国独特の制度であると言ってよい。ただし、近年、日本の監査役会とは多少内容を異にするが、アメリカにも監査委員会を設ける事例が見られるようになってきた。例えば、ニューヨーク州会社法では、SEC規制適用会社について、取締役会の内部委員会として監査委員会を設置しなければならないとしている。違いの第三としては、コーポレート・ガヴァナンス（企業統治）の問題として、第一、第二とも関係するが、アメリカで社外取締役が圧倒的に多いことが指摘できる。アメリカでは、社外取締役が過半数を占めているのが通例で、大企業ほどその傾向が強い。これは、アメリカで、あらゆる面で取締役会が株主に対し会社経営の最終責任を負っていることが徹底しているからである。わが国の場合、これまでは株式持合い経営のもとで従業員

出身の取締役が大多数を占めており、コーポレート・ガヴァナンスがあいまいであったことは周知のとおりである。経営と従業員組織とが癒着しているのだ。

それでは、第一の点、執行役員に戻って、もう少し詳しく見てみよう。実は、わが国の執行役員制度はアメリカのエグゼクティヴ・オフィサーをモデルにしたものであると述べたが、ごくごく大ざっぱに言えばそのとおりである。ただし、これを詳細に比較することはほとんど不可能である。それは、アメリカと日本ではそもそも企業組織の歴史や制度が異なっているばかりでなく、アメリカの制度が州によって多様であるのはそれとして、何といっても日本で各企業により導入されつつある執行役員制度が、まだかなりばらつきがあるからである。このことをお断りしたうえで、あえてアメリカの執行役員制度をご紹介しよう。

アメリカでは、企業で実際に業務執行に当たる者はOFFICERと呼ばれており、一般に日本語では役員と訳されている。それでは、このOFFICERとは何か。ALI（米国法律協会）の「コーポレート・ガヴァナンスに関する一般原則」によれば、OFFICERとは、（a）CEO、企画部長、財務部長、法務部長、経理部長、（b）前述の職務に取り入れられない範囲において、取締役会長、重要な事業単位、部門または機能に従事するかまたは会社のために主要な政策立案の機能を果たす社長、金融部長、総務部長、副社長、副会長、（c）その他の個人であって、OFFICERとして会社により指名された人を言うとされている。複雑になるので一部記載を省略したが、カルチャーの相違もあり、日本人にはなかなか難解である。しかし、業務執行という一本の柱を通してみると、ここで定義づけようとしているＯＦＦＩＣＥＲの姿が、おぼろげながら浮かんでくるであろう。

さて、それでは、執行役員とは何者か。デラウエア州会社法によれば、役員（ＯＦＦＩＣＥＲ）は付属定款または取締役会の決議によって選ばれることになっており、その職制に法律上の特段の規制はない。したがって、職制は会社によりまちまちである。業務執行の責任者として経営に当たるのは、これら役員のうち、とくに執行役員（Executive Officer）、上級執行役員（Senior Executive Officer）といった地位にある人びとである。上級執行役員がほぼ日本の常務以上といったイメージではないかとされるので、そのかぎりでは、日本でいま平均的に考えられている一般の執行役員は、ここに述べる執行役員とおおよそ同格であるとみられる。なお、ＣＥＯ（Chief Executive Officer＝最高経営責任者）、ＣＯＯ（Chief Operating Officer＝最高執行責任者）という呼称は、近年、日本でもかなり使われるようになってきた。

アメリカでは、このように執行役員が法制度で支えられている。アメリカでも、各州会社法のモデルであるＡＬＩの模範事業会社法は、一九六〇年代までは、日本の商法とほぼ同様に、「会社の営業および業務は取締役会により運営されなければならない」としていた。しかし、実務の世界では、その頃すでに、各企業には取締役のほかに取締役会が選任する執行役員が置かれ、日常の業務は彼らが担当するのが慣例となっていた。したがって、法律がこの実態に歩み寄り、模範事業会社法も一九七四年の改定で、「会社のすべての権能は、取締役会が行使し、またはその授権に基づいて行使しなければならず、会社の営業および業務は取締役会の指示のもとに運営されなければならない」と改められた。

この改定により、日常の業務執行は執行役員に委ねられる体制が法体制上も整うと同時に、取締役会の任務が、日常の業務執行ではなく、経営戦略の立案、その具体的な姿である経営指針の策定にあることが明確になった。企業活動の何をもって経営というかは議論のあるところだが、私は、後にも述べるように、ここに言う執行役員の業務執行までを経営と考えている。したがって、執行役員の誕生は、それまで漠然と一体化していた経営機能の概念が、これにより、経営戦略の立案と経営指針の策定、これに基づく業務執行、さらにその業務執行の監視に分化したことを意味するものである。

日本で近年執行役員制度が誕生し始めたのは、企業経営が、わが国でもようやくこの機能分化の段階に達したことを表している。ただし、日本の執行役員制度は、まだ未成熟な段階で、法制度に基づくものではないので、執行役員は、通常は株主代表訴訟の対象にはならないと考えられている。ちなみに、アメリカの執行役員は株主代表訴訟の対象になる。

さて、このように、その任務が限定的に明確化されているアメリカの取締役会は、通常ボード（Board）と呼ばれている。取締役は、ボードのメンバーということになる。各企業とも、ボード・メンバーの総数がせいぜい十数名であることは、すでに述べたとおりである。そして、その大半を社外取締役が占めている。これは、取締役会が広い視野を持つことが求められると同時に、その監視機能を強化するためである。なお、この社外取締役に顧問弁護士や投資銀行員などの関連取締役を合わせて外部取締役と呼び、その他が社内取締役である。社内取締役はごく少数で、ほとんどの場合、執行役員を兼務している。ＣＥＯ、ＣＯＯがその代表例であるが、その他の上級執行役員の場合もある。

さて、それでは、俗に言って取締役と執行役員とではどちらが偉いのか。新たに執行役員になった読者は気になるところである。しかし、これは役割分担の問題であって、どちらが偉い偉くないという問題ではない。ただし、執行役員の間には、与えられた権限に、その上下や大小の差がある。そこで、執行役員の間で、上下の差が生まれることは、むしろ当然のことと言える。そして、通常は、上席の執行役員の何人かがボード・メンバーである。したがって、そこに、あたかもボード・メンバーと執行役員の間に上下の関係があるような錯覚を起こすことはあるかもしれない。

しかし、注目すべきことは、調査によれば、アメリカの社内取締役は、取締役としては報酬が支払われないのが通例であることだ。社外取締役の報酬も決して高額ではないという。それは、社外取締役に高額の報酬が支払われると、それだけ業務執行に対する監視機能が低下するからである。すなわち、CEOに対しあまり厳しい注文をつけて、ボード・メンバーからはずされるのが恐ろしくなるからだ。業績が向上したときに、驚くほどの高額の報酬を得る経営者は、執行役員である。CEOやCOOは、ふつうの日本の社長がうらやむほどの高額所得者であるのだ。もちろん、それだけの働きをし、実績を上げているのである。

執行役員の二つの契約タイプ

そもそも執行役員とは何者なのか。法律的には、いろいろの議論のあるところである。はっきりしていることは、取締役とはまったく別の存在であることだ。社長から、「これまでと何ら変わらないのだから、取締役を辞任して執行役員になってくれ」と言われて執行役員になった人などは不満であろうが、実は、取締役と執行役員とでは、まったく別の存在なのだ。「何ら変わらない」のは、当面の処遇についてだけの話なのである。しかし、今になって「しまった」と思っても、もう遅い。

本書ではあまり法律を詳しく論じるつもりはない。しかし、まったく素通りするわけにもいかないので、必要に応じ多少の解説を試みるつもりである。取締役や執行役員に就任するのに、そんなに法律が必要なのかという疑問があるかもしれないが、それは必要なのである。なぜならば、これからの経営者はプロでなければならないからだ。「取締役に推薦する」、「執行役員になってくれ」と言われたから、これまで以上にがんばろう、という精神論だけでは、これからの経営者は務まらない。すでに経営者もプロの時代を迎えているからである。

実は、そもそも日本の商法に基づく株式会社において、執行役員制度なるものが勝手に認められるのか、という議論すらありうる。会社の経営上、執行役員制度が極めて重要な機能を果たすにもかかわらず、商法上の規程を欠いているからである。しかし、このことについても後に簡単に触れるが、さすがに、執行役員制度やこれに類似する制度をもう否定するわけにはいかないであろう。文字どおり、デファクト・スタンダードになってしまったからである。そもそもその元はといえば、法制度の整備の方が実態に遅れてしまっているからだ。ただし、現行の商法のもとでは、執行役員は、商法第二六〇条二項三号によって、取締役会によって選任されなければならないと解釈されている。ちなみに、この条文では、取締役会は、次の事項については取締役に決めさせてはならないとして、その中の一つに「支配人其ノ他ノ重要ナル使用人ノ選任及解任」を挙げている。すなわち、執行役員は「重要ナル使用人」なのであって、必ず取締役会で決めなければならず、代表取締役社長といえども、一取締役が勝手に執行役員を指名することはできないという解釈である。

こうなると、執行役員は会社の使用人ということになり、次に、会社と使用人としての執行役員との間はどういう関係にあるのかということが問題になる。具体的には、両者の関係は雇用契約か、委任契約かということである。実際には、この二つの契約の混合契約であると考えられている。

参考までに言うと、雇用契約とは、例えば会社と一般従業員との間の契約である。従業員が会社に対して労務に服することを約束し、会社はそれに対して報酬を与えることを約束することによって成立する契約である。これに対し、委任契約とは、例えば会社と取締役との間の契約である。また、専門的な技術や知識を持っていて、契約により一定期間だけ採用される契約社員と会社との間も委任契約である。委任者である会社が、法律行為や事務処理などを受任者である取締役や契約社員に委託し、受任者がこれを承諾することによって成立する契約である。

執行役員の身分について、実務上、次の二つのタイプがあることを紹介しておこう。すなわち、執行役員を従業員から登用するとき、その身分には、図表2に示したように雇用契約タイプと委任契約タイプとがある。もっとも、雇用契約タイプ、委任契約タイプといっても、タイプに仮の呼称をつけたのであって、その内容がそれぞれ純粋に雇用契約、委任契約というわけではない。濃淡の差はあるが、先に述べたとおり多くのばあい混合契約である。また、労働法や社会保険制度の適用についても複雑な問題が絡んでくる。さらに、ここにはあくまでも典型的な事例を示したが、実際には、これらの中間タイプや、あるいは変形タイプがあることは言

図表2　執行役員の2つの契約タイプ

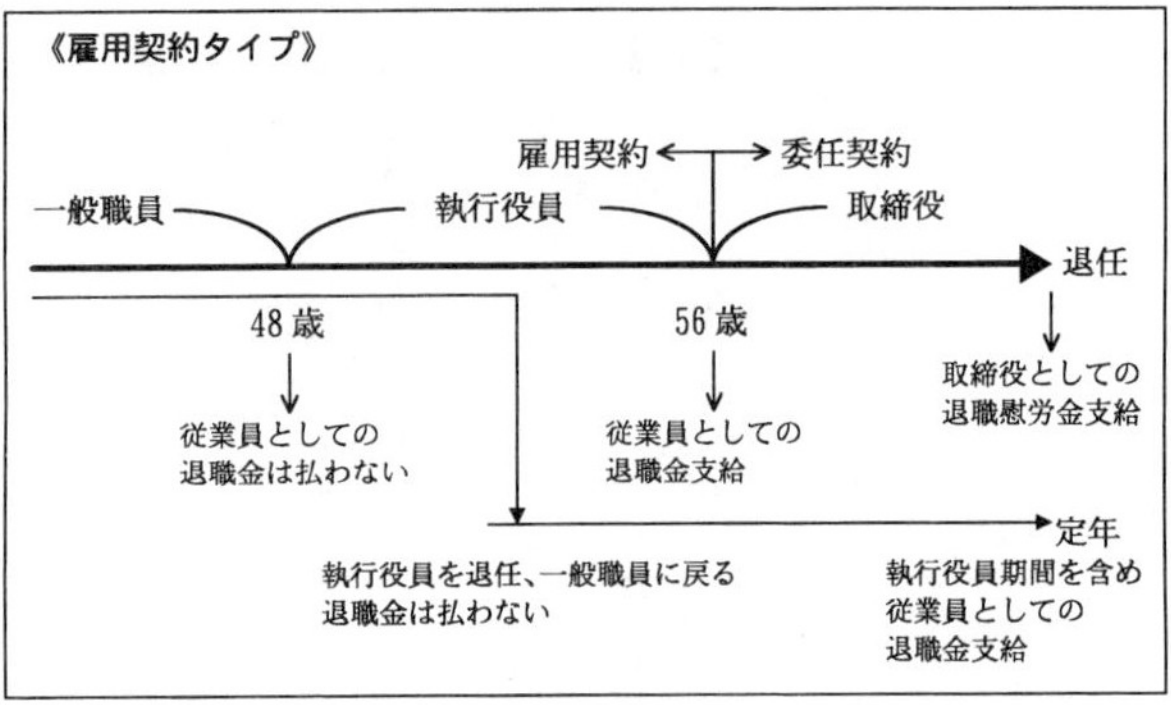

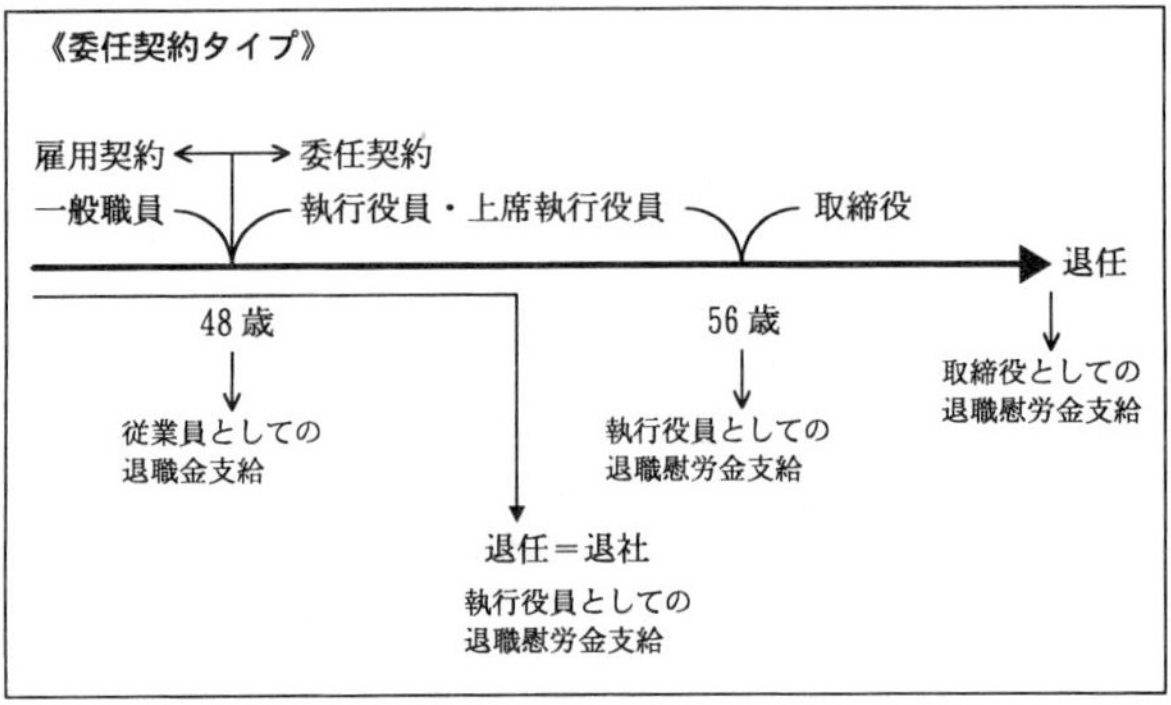

うまでもない。

まず、雇用契約タイプの方は、原則として定年まで従業員としての雇用が保証されているところに特色がある。メリットとしては、取締役と執行役員との関係が明白で、何よりも従業員としての身分が保証されていることの安心感がある。しかし、デメリットとしては、これでは、執行役員という名称は付いているものの、従来の非取締役上級幹部職、例えば、取締役ではない本部長や部長とあまり変わらないことになり、本人に対してどの程度インセンティヴ（動機付け）が働くかという問題が残る。

一方、委任契約タイプの方は、メリットとしては、執行役員の役割や責任がより明確になることである。執行役員は、わが国では法制度上認知されていないが、これまでのわが国における取締役の機能が分化して誕生したもので、あくまでも経営陣の一環であることを制度上位置づけることができる。しかし、法制度が確立されればいざ知らず、それまでは取締役会の選任で乱造され、在任期間が短命に終わる恐れがないとは言えない。すなわち、中高年の雇用調整に悪用されかねない制度でもある。執行役員の退任が即退社につながるだけに、執行役員に就任することは本人にとっては身分保証の面で不安が残る。もっとも、法制度の裏付けの確かな取締役も、わが国では、その実質的な指名権は社長が握っており、実態は委任契約タイプの執行役員と大差はないと言えるかもしれない。

第2章　なぜ執行役員制度か

昔からあった冠婚葬祭用の「副頭取」

わが国では、取締役の数が増え過ぎてしまった。その理由は、経営者と従業員が同質の社会にあって、サラリーマンのゴールが取締役と考えられたために、取締役選任にあたり恩情が働いたことと、社会の側からも、より上位の肩書きを求めたことによるものである。そう言えば、ある話を思い出した。今から三〇年以上も昔になろうか。まだ各銀行とも副頭取は一人が一般的であった時代に、ある銀行が副頭取を二人にした。その銀行は、取引先の冠婚葬祭に必ず副頭取が顔を出すので、評判がよかった。すなわち、二人のうち一人は、冠婚葬祭用の副頭取であったのである。

日本は、これまで肩書き社会であった。少なくともビジネス界では、肩書きが非常に重んじられてきた。しかるべき肩書きの人がどうしても都合がつかず、その下の肩書きの人が上の人の仕事を代行するときは、その人は力が不足しているためにではなく、肩書きが不足しているために、肩身の狭い思いをしながら上役の仕事を代行したものである。

これからは、そうではなくなる。すでに、世の中は大きく変わりつつある。なぜならば、肩書きにこだわっていては、仕事が前に進まなくなってきたからである。肩書き社会から実力社会への転換である。もっとも、こういう時代になると肩書きの方も弾力的になる。年功序列が崩壊するからだ。

しかし、少なくとも、これまではそうではなかった。その典型的な事例が仕事上の官民の関係である。一般論で言えば、中央官庁の事務次官とは、業界を代表する大手会社の会長や社長でなければ会えない。局長に対しては社長か、せいぜい副社長、官庁の課長には民間会社の常務クラス、とおおよそ相場が決まっていた。部長クラスが急に官庁の課長と面接しようとしても、なかなか会ってもらえないものだ。

業界団体の集まりも、社長クラス、常務クラス、部長クラスと階層が分かれていて、ふつうの場合は下の階級の者が代理出席することができない。業界団体は最もムラ的な社会で、ムラの秩序を重んじるためには、そうせざるをえないのだ。談合まがいの話し合いがおこなわれるときには、なおのこと出席メンバーが厳選される。

このようにして、一般取引きにおいても、どの肩書きの人がどの肩書きの人に会うかが決まってくる。当然のことながら、取引きの場においては、取引き関係で優位に立つ方が、一格か二格下の肩書きの者で仕事を進める。納入業者の部長は、納入先の係長に平身低頭しなければならない。銀行華やかなりし頃は、銀行の貸付け担当者は、相手が役員でなければ貸出しの相談に乗らなかった。しかし、世の中におカネが余り始めると、今度は銀行の支店長や営業部長が借り手のところへ頭を下げに行く。力関係が逆転したのである。ところが、貸し渋りの時代が訪れて力関係が再逆転すると、借り手の社長が出かけて行ってもなかなか支店長や営業部長に会ってもらえない。

社会人としてはまだ若造でありながら、社長室に正々堂々と出入りできるのは、新聞記者か証券会社の担当者くらいである。新聞記者はそれが使命であるからだ。証券会社の担当者は、社長にとって甘い話を持ち込む。この株は儲《もう》かりそうだという情報を手みやげにして、社長室を訪れるのだ。もっとも、その前に秘書の女性に甘いチョコレートのおみやげを渡すことも忘れない。ただし、インサイダー情報が厳しく取り締まられ、損失補塡が禁じられたために、最近ではこのような話はなくなったはずである。

わが社の元財務担当役員の葬儀に、A銀行は支店長が来てくれたが、B銀行は担当者しか来ない。そう思っているところへ、C銀行の副頭取が汗をかきながら弔問に駆けつけてくれると、やはりC銀行は、と評価が高くなる。明日は早速あの銀行の預金を積み増しておかなければ、ということになる。副頭取、支店長、担当者という動かしがたい肩書きの序列があるのだ。

もっとも、こうした慣行は必ずしもわが国だけではない。欧米社会でも肩書きは重要視される。昔はVP（ヴァイス・プレジデント）と言えば、文字どおり副社長で非常に価値があったが、近年では、いわゆる課長クラスまでがVPの肩書きを用いるようになった事例も見られる。また、本書では、取締役（ディレクター）と執行役員（エグゼクティヴ・オフィサー）を厳密に区別して説明しているが、ある外資系証券会社では、役員ではない、ある著名な証券アナリストが、株式調査部エグゼクティヴ・ディレクターを肩書きとして用いている。もっとも、ディレクターは、日本の会社でもテレビ放送局へ行けば大勢いることは周知のとおりである。しかし、欧米の場合、日本のような年功序列がないので、その肩書きは、日本よりははるかにその人の実力に見合ったものであると考えてよい。

インフレ的に膨張した取締役の数

肩書き社会であればあるほど、経営上は、より上位の肩書きをより多くつくる力が働く。これには、二つのメリットがあるからである。一つは、取引先に対して切るカードの選択肢が増える。取引先がより上位者との交渉を望んでいるのであれば、より上位の肩書きをたくさん付けておけばよい。もう一つは、本人に対するインセンティヴになる。モラール（士気）を高めることができるのだ。

もっとも、これには制約もある。一つは、日本社会全体が年功序列でできあがっているので、同業他社とのある程度のバランスは考えなければならない。肩書きを若い方へ下げていくと、監督官庁から見て、「おたくの部長は若いね」ということになる。もう一つは、社内であまり肩書きをつくってしまうと、「なんだ、あいつも課長か」ということになり、肩書きの価値が低下するのだ。しかし、これらは、肩書きそのものが流動化し、呼称も変化してきているので、今日ではあまり難しく考える必要はないのかもしれない。

いずれにせよ、肩書きはインフレ現象を起こす。ある水準の肩書きの数が徐々に増えるとともに、価値が低下していくのだ。さらに、苦肉の策で、思わぬ名称が誕生する。昔は、固定的な組織のもとで、部長、課長、係長という職位の呼称ははっきりしていた。しかし、やがて時代の変化が加速するようになると、課に代わって、より流動的な班が編成され、課長ではなく、班長が置かれるようになる。もう一歩進むと、班はよりアドホックな（その時かぎりの臨時の）色彩の濃いチームやグループになり、チーム・リーダーが誕生する。そのうちに、自分以外はメンバーのいないチーム・リーダーが誕生する。

いささか言葉の用法としておかしいのではないかと思われるかもしれない。しかし、部には部長があって、ときには部長代理や次長があったが、そのうちに副部長が誕生した。部長に対する部長代理や次長はまだ指揮命令系統がはっきりしているが、副部長になるとややこの指揮命令系統が混乱してくる。個性的な人が副部長になって、おとなしい部長を振り回し、困っている職場も少なくないであろう。さて、このようなポストづくりの極め付きが専門部長であり、部付部長である。一つの部に何人も専門部長や部付部長がいたりする。こうなると、部下のいないチーム・リーダーを、言葉の用法としておかしいではないかと笑っていられなくなる。

昔は、大企業の部といえば、何十人単位の大世帯であるのがふつうであった。しかし、近年では、日常の営業活動に機動性を持たせるために、比較的少人数の部が増えてきている。さらに、これらの部を束ねて本部がつくられ、本部長と複数の副本部長が置かれる。こうした組織を持つのは成長産業である会社が多いこともあるが、当然部長は若返り、昔の課長クラスの年齢の人になる。しかし、経済専門紙は、部長以上の人事異動はすべて掲載することにしているので、このような会社が人事の定期異動をおこなうと、翌朝の紙面は大変である。この会社一社で、人事異動欄を何段も占めることになり、読む方も疲れる。しかしながら、これは序の口の相撲取が、番付から虫めがねで一生懸命自分の名前を探すようなもので、サラリーマンにとっても、自分の異動が新聞に出ることは励みになるのだ。一生に一回、自分の名前を新聞に載せてもらったという人もいるだろう。その社会的効用は評価しなければならない。

一九七〇年代以降、終戦直後に生まれた団塊の世代が社会人として出世するのに合わせ、企業の方もいろいろとポストを用意してきた。日本経済の高度成長の方は、一九七三年（昭和四八年）の第一次石油危機で終わったが、それでも、企業は、まだ彼らにポストを用意する余裕はあったのだ。そして、こうした動きと並行して、取締役の数も増大していった。報酬の方は、その一部が税引後利益から役員賞与として支払われることによる税金二重払いの問題などはあるが、従業員の延長線上のことであるので、年俸が突然巨額になるわけではなく、企業としてもこれには耐えられるのだ。一方、株式持合い社会であるので、取締役の数が増えることそのものは、株主総会において牽制されることもない。かくして、日本の取締役の数は、インフレ的に増大した。

カンパニーには社長が必要

ソニーで執行役員制度が導入されるに当たっては、その前に、カンパニー制が導入されたことについてはすでに述べた。ソニーでは、このカンパニー制を「擬似的な分社経営」としている。一般に知られている、いわゆる事業部制とほぼ等しいと理解していいであろう。

高度成長時代には、企業経営は、全社一丸となって前進することがその課題であった。まだ欧米の技術を追いかける立場にあった日本においては、どの業界も、例えば鉄鋼、石油化学、電気機械、自動車、証券といったそれぞれの分野のコンセプト（概念）は極めてはっきりしていた。したがって、各企業は、専門であるか総合であるかの違いはあっても、その業界の中で徹底的にシェアを高めることがその企業にとっての成長の道であったのだ。いくつかの構造的不況産業を別にすれば、どの業界にあっても、多少の過剰設備は、やがて経済成長の方が追いついてくれたものである。

このような時代の企業経営は、大胆に言えば、組織の一体性が重要である。資金を大量に調達し、大型設備投資をおこない、その業界内での販売シェアを高めるために全社を挙げて取り組んだ。したがって、本部の指導力と各部門の有機的な連携が重要であった。

しかし、成長がゆるやかになるとともに、国際化が進んで外国企業との競争が激しくなってくると、ようすが変わってくる。さらに、産業によっては、日本の技術力が最先端に立って世界をリードするようになる。また、世界的に見て伝統的な産業が成熟段階に達し、成長が鈍化する中で、その周辺に新しい産業が誕生するようになる。このような時代に入ると、どの企業も、全社一丸となって前進するだけでは経営が成り立たなくなってくる。経営に戦略性と効率性がより強く求められるようになるからだ。

日本は、いつ頃このような転換点にさしかかったか。個別に見ていくと産業間の差は大きい。重電と呼ばれる分野を抱えている総合電機は、この転換期が早く、わが国の貿易自由化、資本取引自由化が進められた一九六〇年代から、この新しい時代を迎えている。鉄鋼は一九七〇年代に入ってから転換期を迎えたと考えられるが、まだ転換の途中で、その結果は出ていない。金融は、現在まさにその転換点にさしかかろうとしている。自由化という形で変化が経営に襲いかかっているが、代表的な護送船団方式の業界であっただけに、変化に伴う重圧はかなり大きい。

一般的に言って、企業経営に事業部制が強く意識されるようになってから四半世紀は経つであろうか。日本全体としては、やはり第一次石油危機の頃が一つの転機であったと考えられる。事業部制は、それまでの全社一丸となって前へ進む経営とは明らかに異なる。まさに企業経営に戦略性と効率性を求めるものである。なぜならば、事業部は企業の進路を探るアンテナであると同時に、企業収益をあげるプロフィット・センターであるからである。ただし、それは、十分に権限委譲されている場合のことである。

事業部制は、ソニーでカンパニー制と呼ばれているように、まさに擬似的な分社経営なのだ。それ自体、一つの企業経営であるから、そこには戦略もなければならないし、戦術もなければならない。また、自らの意思と計画に基づいて、収益を追求しなければならない。そのためには、十分に権限が委譲されている必要があるのだ。

ただし、実務の世界は、ここで抽象論を述べているほどには簡単ではない。例えば、銀行経営で、あの一九八〇年代のバブル期に、ある事業部が不動産融資に走ろうとしたとき、本部はそれを止めるべきなのかどうか。結果論としては、当然制止すべきことであったが、それでは、世の中全体があのバブル現象に酔いしれているときに、無理をして事業部の動きを制止しようとすると、権限委譲の方はどうなっているのか、ということにならないか。これに対する一般的な答えはない。ただ、はっきりと言えることは、企業経営には、二重、三重の監視機能が必要であるということである。

もう一つやっかいな問題は、本部経費を事業部にどのように配布するかである。これは、事業部制であるなしを問わず、本部経費の現場（プロフィット・センター）への配布は、各企業にとって永遠の悩みである。人員割りにすると、優秀な営業社員の引き抜き合いが始まり、事業部間の人事異動が円滑にできなくなる。さりとて売上高や収益に比例させようとすると、それはその瞬間から実態を離れ、事業部ごとの採算が数字としての実効性を失うことになる。このような問題を考えるときに、企業経営の中に、どの程度マーケット・メカニズム（市場原理）を導入できるかは、これからの大きな課題である。

いずれにせよ、本部から見ると、全社的な経営に対して事業部は情報源である。なぜならば、事業部ごとの経営を観察していると、市場の動向や成長性が手に取るようにわかるからである。もし事業部に十分権限が委譲されているとすれば、事業部は自らに委嘱された分野の範囲内ではあるが、自らの意思で新規事業にも進出していくであろう。したがって、本部としては、より細かく成長分野を探っていくことができるのだ。

もし、各事業部の経営能力が同等であれば、その結果は、各事業部が抱えている市場によって差が表れてくる。ただし、現実には経営能力は同等ではないが、一方、その経営能力差の方は、本部である程度の読みができるはずである。したがって、本部は、各事業部の能力差を織り込んで市場の成長力を判断すればいいことになる。

さて、執行役員制度がある場合、このような事業部の責任者が執行役員でなければならないことは否定できない。もちろん、執行役員がすべて事業部門の責任者ということではない。財務部長や法務部長であってもさしつかえない。一方、事業部の責任者が取締役でなければならないかどうかは、いちがいには言えない。実際の運用も、各企業により異なっている。

カンパニー制と持株会社

カンパニー制と持株会社とは、それぞれの典型的な形においては、かなり開きがある。しかし、運用いかんによっては、両者はかなり接近したものになる。

まず、両者の相違点にスポットを当ててみよう。

カンパニー制と持株会社とでは、カンパニー制の方が一企業内の組織であるので、組織の大きさに限界がある。これに対し、持株会社の方は、これをグループ全体で見ると、例えばトヨタで考えられた持株会社グループや、例えば、第一勧業銀行、富士銀行、日本興業銀行三行の事業統合で考えられている持株会社グループのように、その規模は極めて大きい。さらに、当然のことながら、カンパニー制は、あくまでもそれぞれの事業部が擬似的な企業であるのに対し、持株会社グループの場合は、持株会社とともに、被持株会社(子会社)は、商法上それぞれが独立した株式会社である。したがって、子会社には取締役もいれば、監査役もいる。子会社も、それぞれが独立した株式会社として、商法に定められた規程には従わなければならない。

また、従業員に関する就労規則や処遇についても、カンパニー制の場合はカンパニー間で大きな差はないのが通例であるが、持株会社の場合は、子会社間で差があってもおかしくない。社風までが異なってくるかもしれない。

しかし一方で、運用の仕方によっては、両者はかなり接近してくる。まず規模の問題は、あくまでも相対的なものにすぎない。カンパニー制を採用しているソニーの従業員数は、ソニー単体でも二万一〇〇〇名いる(九九年三月末現在)。少々の規模の持株会社には負けない。ソニーより従業員数で見てはるかに規模の大きい東芝も、事業部制を採用している。一方、持株会社グループに規模の制限があるわけではない。将来かなり小規模の持株会社グループが誕生しないともかぎらない。ちなみに現状でも、第一勧銀、富士、興銀三行に限っていえば、その三行合計の従業員数三万五〇〇〇名は、東芝の従業員数六万三〇〇〇名にはるかに及ばない。

また、事業部制であっても、各事業部への権限委譲のあり方いかんによっては、各事業部はかなり独自の経営ができるようになる。商法上の取締役や監査役こそいないが、従業員の就労規則や処遇については、労働組合と合意できれば、各事業部が共通でなければならないという必然性はどこにもない。経営判断の問題にすぎない。一方、持株会社グループの方も、そのことが経営の効率化に役立つかどうかは別にして、グループ各社が共通の従業員規則を持っても何らさしつかえはない。

むしろ、ここで強調しておきたいのは、事業部制であっても、あたかも持株会社の子会社に類似した経営ができるということである。まさに、擬似的な分社経営であり、事業部の責任者である執行役員は、その擬似会社の社長兼ＣＯＯ（最高執行責任者）なのだ。

執行役員制度の建前と本音

企業経営とは、その企業の経営戦略を立案し、それに基づいて経営指針を策定し、これに従って業務を執行し、これらが法律的にも倫理的にも正しくおこなわれ、また、その成果が企業の所有者である株主の期待に沿うものであるかどうかを絶えず監視する行為をいう。これらは、相互に独立しているとともに、相互に有機的な関係のある行為でもある。これらの戦略立案や方針の策定、業務執行、合法制や成果の監視は、監査役や会計監査人の機能を別にすれば、わが国では取締役および取締役会の機能とされ、これらが渾然一体となって運営されてきた。

しかしながら、成熟した企業社会にあっては、これらの機能は峻別しておこなわれた方が、それぞれの質が高まるとともに、効率的なのではないかと考えられるようになってきた。そこで出てきたのが、経営戦略立案や経営指針の策定と業務執行の監視機能を取締役会に残し、業務執行を執行役員に委ねようとする考え方である。すなわち、執行役員制度をつくることにより、取締役会の機能を純化しようというものである。

執行役員の業務執行権限は、代表取締役のそれが委譲された形となっている。しかし、同時に、経営戦略立案や経営指針の策定と業務執行、その監督は、一体的な経営行為として密接不可分な関係にある。そこで、取締役会と執行役員の間の業務命令の示達や情報交換の場が工夫されるとともに、会長や社長、取締役の一部、場合によっては社内取締役の全員が執行役員を兼務することにより、この間の有機的な関係を保とうとする。取締役執行役員は、文字どおり取締役会の一員、すなわちボード・メンバーであると同時に、執行役員でもあるのだ。そして、必ずしも会長がＣＥＯ（最高経営責任者）、社長がＣＯＯ（最高執行責任者）というわけではないが、通常会長か社長のいずれかがＣＥＯの地位を占める。

このように見てくると、どうもこれまでの取締役の中で、純粋に経営に携わる人だけが取締役として残され、その他の人たちは体よく取締役からはずされたのだ、ということになる。やはり、取締役の数が多くなり過ぎたので執行役員制度をつくったというのが本音だったのだろうか。それでは、取締役から執行役員に移った人は格下げになったのか。もし、そうであれば、これは革命的な出来事である。

一人や二人の取締役の首を切ったという話ではない。各企業ごとに見ると、過半数の取締役について、ちょうど任期の到来した者に退任を求め、期半ばの者には辞任を求めて、取締役の資格を奪ってしまうのだ。しかも、それはソニー一社ではない。すでに、執行役員制度を採用している上場企業は二〇〇社に迫ろうとしている。多分、その数が一〇〇〇社に達するのもそうは遠くはない。このようなことが、どこの企業でも取締役の大きな抵抗もなく粛々とおこなわれているようだ。これはまさに革命的な出来事である。

なぜ、このような革命的なことが可能なのか。それは、時代が革命の時代であるからである。大手銀行や大手証券会社が経営破綻に追い込まれ、多数の企業が巨額の債務切り捨ての銀行支援を受け、国旗と国歌が法律で制定され、中央官庁の数が半分近くに再編成され、政府の債務残高がＧＤＰ（国民総生産）の一二〇％にも達し、資産総額一四〇兆円を超す規模の銀行の事業統合がおこなわれようとしているのは、すべて時代が革命の時代であるからである。何があってもおかしくない時代になったのだ。

しかし、本当に革命の時代であるという理由だけで、大量の取締役の首を切ることができるものなのだろうか。大手銀行の倒産や中央官庁の再編成を目の当たりにして、彼らはおとなしく取締役の地位を返上したというのであろうか。実は、そうではない。革命の時代であるというのは、時代背景にしかすぎないのだ。非取締役執行役員の立場に回った前取締役の本音で言えば、「取締役の数が多過ぎて取締役会が機能しない」という正論に対し、反論の余地がなかったのだ。せいぜい、「それはわかったが、なぜ自分が」ということになるのだが、それも退任、辞任する取締役の数の方が多いとあっては、その発言をどこへ向かってすればいいのか、わからなくなってしまったのだ。

実際、わが国の取締役は、その地位をサラリーマン生活のゴールと考えるか、より上席のポストへの通過点と考えるだけで、ボード・メンバーの重要なポストであるとは自覚していなかったのだ。株式持合い株主がモノを言わない株主であるのと同じように、大量生産された取締役は、ボード・メンバーであるにもかかわらずモノを言わない取締役であったのだ。「取締役の数が多過ぎるので、取締役会が本来の機能を果たさない」というのは、建前でもなければ本音でもない。わざわざ建前か本音かの使い分けをする必要もない事実なのだ。だから、執行役員制度を導入する企業の社長が、大きな声で正々堂々とそう言っているのである。

第3章　本流となる執行役員制度

本流となる執行役員制度

もう止まらない執行役員の流れ

ソニーがわが国で初めて執行役員制度を導入したのが一九九七年六月であったから、それから、まだ二年半しか経過していない。しかし、和光経済研究所の調査（資料・「日経会社情報」'99—Ⅲ夏号）では、この執行役員制度を採用している企業数は、図表3に示すとおり、全国上場企業約二五〇〇社のうち、実に一八〇社に達している。

繰り返し述べているように、新たに法制度上の執行役員制度が創設されたわけではない。実務上どうしてもこれが必要で、やむにやまれず、私的な制度としてこれを創設したのである。しかも、一方で、執行役員制度はこれをつくればそれで終わりという制度ではない。その裏側では、法制度上に基盤を置く取締役の数をばっさりと大幅に削減しなければならないのだ。取締役と言えば、ふつうのサラリーマンにとっては、人生のゴールである。もちろん、人生はさまざまである。すべてのサラリーマンが取締役を目指しているわけではない。いろいろの人生観の人がいてもおかしくない。しかし、少なくとも上場企業にあっては、取締役になれた人は、そのことを目標にしたにせよ、結果としてそうなったにせよ、仕事のうえで成功した人びとである。社会的にも、取締役と言えば、それだけ重い存在感がある。その取締役を、ばっさり切ろうというのである。これは、やはり革命的な出来事だ。

執行役員制度をソニーが初めて採用してからわずか二年半、株主総会の回数で言えば二回のチャンスで、その執行役員制度を一八〇社にのぼる多数の企業が導入してしまったのだ。しかも、それらの企業はと言えば、図表3からもわかるように、大成建設、清水建設、王子製紙、三菱化学、ユニ・チャーム、大正製薬、昭和シェル石油、住友金属工業、日立、東芝、日産自動車、セガ・エンタープライゼス、伊藤忠商事、ロイヤル、日本興業銀行、住友銀行、オリックス、日興証券、西日本旅客鉄道など、当面の業績に差はあるが、各業界の大手と呼ばれており、あるいは個性的な経営をおこなっているという観点から見て、日本を代表する企業が多数含まれているのだ。

もう、ここまでくると、執行役員制度導入の流れは止まらないだろう。なぜならば、執行役員制度については、わが国の経営の現状から見て、これを導入しなければならない必然性が強

図表3　執行役員制度導入会社（上場企業ベース）

〈建設〉三井道路、ナナボシ、日東建設、トヨタウッドユーホーム、藤木工務店、大成建設、清水建設、フジタ、富士工、井上工業、東亜建設工業、殖産住宅相互、大和ハウス工業、つうけん、日本コムシス、弘電社、三和エレック　〈食品〉昭和産業、サッポロビール、忠勇、コカ・コーラウエストジャパン、カルピス、ポッカコーポレーション、丸金醤油、日清食品、明星食品　〈繊維〉帝人、ワールド、オンワード樫山　〈パルプ・紙〉王子製紙　〈化学〉三菱化学、大同ほくさん、四国化成工業、大日精化工業、協和発酵、ダイセル化学工業、積水樹脂、プラス・テク、日華化学、中国塗料、ケミプロ化成、日本バルカー工業、ユニ・チャーム　〈医薬品〉大日本製薬、田辺製薬、吉富製薬、日本新薬、中外製薬、大正製薬　〈石油・ゴム〉昭和シェル石油、東燃、興亜石油、ジャパンエナジー、東洋ゴム工業、アキレス　〈窯業〉日本板硝子、日本山村硝子、浅野スレート、東海カーボン、ニチアス　〈鉄鋼〉住友金属工業、神戸製鋼所、旭テック　〈非鉄金属〉古河機械金属　〈金属製品〉三洋工業、フジマック、コマツ電子金属　〈機械〉池貝、帝人製機、コマツ、住友重機械工業、アイチ　コーポレーション、タダノ、キヤノンアプテックス、サンデン、新晃工業、日本精工、キッツ、日立造船　〈電気機器〉日立製作所、東芝、富士電機、山洋電気、東芝テック、オムロン、森尾電機、和泉電気、ソニー、アイワ、三洋電機、日本マランツ、ヒロセ電機、横河電機、カシオ計算機、日本ＮＣＲ、大日本スクリーン製造　〈輸送用機器〉佐世保重工業、日産自動車、コマツゼノア、日野自動車工業、日野車体工業、日産ディーゼル工業、ケーヒン、富士重工業　〈精密機器〉島津製作所、金門製作所　〈その他製造〉廣済堂印刷、関西廣済堂、コマニー、セガ・エンタープライゼス、バンダイ、コクヨ　〈商業〉タイカン、マルヨシセンター、ほくやく、ハピネット、伊藤忠商事、トーメン、ニチメン、スターゼン、日商岩井、中道機械、西洋フードシステムズ、ロイヤル、アオキインターナショナル、そごう、ダイエー、カテナ、アズウェル、トラスコ中山、西本産業、イトーキ、サガミチェーン　〈金融〉日本興業銀行、さくら銀行、住友銀行、三和銀行、東海銀行、横浜銀行、常陽銀行、千葉興業銀行、関東銀行、東京都民銀行、北海道銀行、スルガ銀行、池田銀行、住友信託銀行、安田信託銀行、東洋信託銀行、三洋信販、東京リース、日本信販、アプラス、オリックス　〈証券・損保〉大和証券グループ本社、日興証券、新日本証券、和光証券、国際証券、東京証券、光世証券、明光ナショナル証券、一吉証券、日本火災海上保険、日産火災海上保険、千代田火災海上保険　〈不動産〉大和団地　〈運輸〉西日本旅客鉄道、山九、キムラユニティー　〈通信・サービス・その他〉ＫＤＤ、東京美装興業、公益社、コーエー、ロイヤルホテル、近畿日本ツーリスト、トーカイ、ＮＳＷ、丹青社、ナムコく、そして、すでにこれだけ多数の企業が採用したことによって、そのことにかける経営的なリスクが非常に小さくなっているからである。「なぜ、当社でも執行役員制度を導入しなければならないのか」という問いに対しては、「隣りも、その先隣りの企業も採用しているから」で答えになるからである。

それでは、どのような必然性があるのか。わが国企業は、取締役の数が多過ぎ、取締役会が有効に機能していないことは、すでに述べた。これから、日本の株式市場にも、間違いなく外国人株主が増大する。その彼らがまず気がつくことが、このことだ。彼らは、日本のモノを言わない株主に比較し、経営をよく見ている。なぜならば、彼らにとって、企業は自分たちの所有物であり、取締役は自分たちの経営上の代理人であるからである。取締役や取締役会が機能しているか、いないかは、すぐに見えてしまうのだ。

その彼ら、外国人株主、なかでもアングロ・アメリカンの株主には、この執行役員制度が実にわかりやすい。なぜならば、日頃自分たちがなじんでいる制度であるからだ。むしろ、実力会長や社長はいるが、制度としての執行役員がいないことには、疑問を持つに違いない。ソニーをはじめ、日立、東芝のように、日頃から世界市場を相手に仕事をしている企業は、このことをよく知っている。昭和シェル石油のような外資との合弁企業も言うに及ばない。日本興業銀行も、今でこそ不良債権問題に苦しんでいるが、一〇年前は、国際資本市場においてＩＢＪ

の名で五本の指に数えられていた銀行である。これらの企業が執行役員制度を導入した意義は大きいと言わなければならない。

執行役員制度導入に経営的リスクが小さいことはすでに述べたとおりであるが、それにしても、制度導入のデメリットはないのだろうか。残念ながら、私の四〇年間のビジネスマン生活の経験からは、これといった反対理由は思い当たらない。あえて言えば、取締役から執行役員に移行する人たちや取締役目前であった人たちのモラールが低下しないかということであろうか。しかし、このことでモラールの低下する人たちは、執行役員制度の意義をよく理解していない人たちである。厳しい言い方をすれば、もともと経営者になる資格のない人たちである。執行役員制度導入のデメリットがほとんどないとすると、今度は、これを導入しないことの経営的リスクが発生する。なぜならば、株主に「なぜ導入しないのか」と問われたときに、答えに窮するからである。

ただし、ひとつだけ注意をしておかなければならないのは、執行役員制度を導入しただけで、すべてがうまくいくということではないことだ。執行役員制度の導入、取締役会の活性化は、経営機構全体の改革としておこなわれなければ意味がない。これまでの常務会をどうするか、経営会議をどう位置づけるか。これらがきちんとおこなわれるのでなければ、経営全体の改革にはつながらない。とくに、経営戦略立案や経営指針の策定をおこなう取締役会と業務執行の責任者である執行役員とのつながりをどうつくるかは、実務上は大きな課題である。

また、執行役員制度は、法制度でもなければ、ましてやそれが強制されているものでもないことは言うまでもない。もし、これまでの経営機構が円滑に回り、経営に対する株主の期待に十分応えているという自信があるのであれば、執行役員制度を導入しないことも一つの見識である。もともと取締役の数を絞り込んでいる企業で、実態的にすでに執行役員制度を導入しているのとほぼ等しい経営をおこなっている企業も、少なくないはずである。

執行役員制度を導入する企業の二つのタイプ

執行役員制度導入企業の一覧表を見ながら、そこに二つのタイプがあることに気がつく。一つは、足元の歴史的な不況にもかかわらず、成長分野に属する企業である。もう一つは、この不況下において、抜本的な経営改革を迫られている企業である。執行役員制度導入の先鞭をつけたのが、優良成長企業であるソニーであるにもかかわらず、正直なところ、これに追随する企業の中に、思いのほか抜本的な経営改革を迫られている企業が多いのが目につく。これをどのように考えたらいいのであろうか。

現在の日本経済の状況を前提に、上場企業の中に、これら二つのタイプの企業が渾然一体になっていることは事実である。したがって、無作為にサンプリングすれば、これら二つのタイプがこのような割合で抽出されるのは当然のことかもしれない。しかし、私は、このような二つのタイプの企業がいっせいに執行役員制度の導入を始めたところに、この制度の本質があるように思われてならない。前途洋々の成長企業にとっても、経営再建に取り組んでいる不振企業にとっても、どうしても取り組まなければならないのが、執行役員制度導入を手がかりとする抜本的な経営改革なのだ。

現在の日本は、日本経済全体が大きな変革期にある。日本経済は激変期を通過中なのである。この点については、第二部で詳しく述べよう。その結果、これからの日本の企業経営は、これまでのような静態的経営では通用しなくなってきた。徹底的に変化に挑戦する動態的経営でなければ生き残れなくなってきたのだ。本書では、このような経営を「動」の経営と呼ぶことにしよう。

成長企業といえども、例外ではない。むしろ、成長企業であればあるほど、そしてその活躍の舞台がグローバルな広がりを持てば持つほど、「動」の経営を試みるのでなければ、その企業は、生き残ることができない。一瞬たりとも油断をすると、後向きの経営再建が、明日はわが身の問題になるだろう。それでは、「動」の経営をどのように実現すればいいのか。そのカギを握っているのが執行役員制度である。

本流となる執行役員制度

それでは、なぜ経営再建途上の不振企業に執行役員制度が有効なのか。経営再建過程にある企業は、まず健全な企業の状態に追いつかなければならない。これは、その企業が負ったハンディキャップである。まず企業の健全化が先決課題なのだ。過剰雇用、過剰設備、過剰負債のハンディキャップは決して軽くはない。しかし、ハンディキャップとは、本来不利な条件を指すが、ゴルフなどのゲームにおいては、周知のとおり、優秀な者に課せられた負担条件をいう。不振企業が、過去に抱え込んでしまった問題の中に埋没してしまったら、それでおしまいなのだ。そのハンディキャップをはね返し、まず経営再建に向けてのチャレンジをしなければならない。それではどうするか。

さらに、そこで止まると、業績は再びあっという間に後退を始める。再び成長軌道に乗るためには、成長企業と同じ努力をしなければならない。上場企業の場合、株主のために成長軌道、すなわち、業績拡大路線しか選択肢はないのだ。もしその路線が選べないならば、身売りをするか、一日も早く廃業して残余財産を株主に分配するしかない。躊躇《ちゅうちょ》していると、マーケットで厳しく叩かれることになる。それではどうするか。

このような企業にとっても、これからは「動」の経営しかないのだ。経営再建にせよ、その次の段階のグローバルな舞台への飛躍にせよ、それを実現するのは「動」の経営である。それでは、「動」の経営をどのように実現すればいいのか。そのカギを握っているのが執行役員制度なのだ。

二つのタイプの企業群が執行役員制度の導入に取り組んでいることに、何ら不思議はない。なぜならば、どちらのタイプの企業であっても、それが正解であるからだ。

制度採用上場企業一〇〇〇社は目前

すでに述べたように現在、全上場企業約二五〇〇社中、執行役員制度を採用している企業は一八〇社である。しかし、私は、その数が二、三年以内に一〇〇〇社を超え、数年後には上場企業の大半を占めるようになると思う。

テレビの選挙開票速報ではないが、開票率がまだ数パーセントの段階で、近い将来にどうして執行役員制度採用企業が多数派を制すると言えるのか。別に、テレビのように出口調査をおこなっているわけではない。知人などの話から新たに採用を検討している企業名を若干は知っているが、これとてもサンプル数としてはごく少数で、これで全体を推し量るわけにはいかない。それでは、それにもかかわらず、なぜ執行役員制度採用企業が多数派を制すると言えるのか。

それは、四〇年間、ビジネスマンとして日本企業を見続けてきた私の直感である。もう少し正確に言えば、本書の中で縷々《るる》説明しているように、私は、日本企業が現在置かれている状況から見て、今後彼らを救うのは執行役員制度であろうし、したがって、各企業は、特別の事情がある場合を除き、執行役員制度を採用すべきであると考えている。しかし、それは私の見方であり、考え方であって、多数の企業がそのような考え方で動くという保証はどこにもない。それにもかかわらず、私は、四〇年間の実務経験に基づく直感で、これは執行役員制度が本流になると見ている。もし間違ったらお許しいただきたい。

エコノミストの立場で言えば、ある見通しを立てるには前提条件がある。しかし、その条件が整わなければ見通しははずれるので、あらかじめこういうことを前提にすれば、という逃げを打つ。気象予報士が、「台風は、このまま真っすぐ北へ進めば、今夜半には関東地方へ上陸するでしょう」と言うのと同じである。本当は、真っすぐ北へ進むかどうかが問題なのであって、北へ進めば、遅かれ早かれ関東地方へ上陸することは素人でもわかることなのだ。

さて、私の直感がもしはずれることがあるとすれば、それは、各企業のトップ、すなわち、最高経営責任者が、今日の事態を私が考えているほど深刻に受け止めていないか、すなわち、台風が真っすぐ北へ進まないか、あるいは、日本経済の状況が急速に好転する、すなわち、台風そのものが熱帯低気圧に変わってしまうか、のいずれかのときである。

企業の経営環境は、現在、大きく変わりつつある。その変化は、循環的なものではなく構造的なものである。したがって、待てば海路の日和というわけにはいかないことは、経営者の実感しているところである。問題は、この経営環境の変化が、序の口に過ぎないことを、経営者がどの程度理解しているか、トップがどの程度理解しているか、ということであろう。日本の産業活動が、本格的に電子情報化の影響を受けるのはこれからである。日本の三つの大手銀行が事業統合することになった最大の理由は、金融テクノロジーを駆使するためのコンピュータ投資が、国際金融市場で、各行単独では世界を代表する金融機関のそれに追いつかなくなったからである。会計基準の国際標準化はもう走り出しているが、本番はこれからである。株式持合いは解消に向かい、これまで日本型経営を支えていた基盤は崩壊寸前である。メイン・バンクの慣行が消滅すれば、上場企業は、市場で真剣勝負をしなければならなくなる。多くの企業のトップが、このような問題に日夜思い悩んでいるのではないか。

日本経済の状況が急速に好転するかどうか。一九九〇年代は、バブル崩壊の影響もあり、長期間資産デフレ状態が続いた。このことが、多くの企業経営を危機的状況にまで追い込んでしまった。現状は、不良債権問題が全面的に解決したわけでもなければ、資産デフレ状態が完全に終了したわけでもない。しかし、金融システム不安に対しては政策の手が打たれ、まだ大きな問題は残しているものの、一応危機は脱した。赤字国債を増発しながら、超大型の景気対策の手が打たれたが、これまた将来に問題を先送りしつつも、一応対策の効果は現れた。したがって、日本経済はしばらく小康状態を保つ。景気の方も、循環的に見て少しはよくなるかもしれない。しかし、企業経営の立場から言えば、すでに触れた諸問題が顕在化するのはこれからであり、これまでの経営姿勢で、これらの問題を克服し、手放しで好況を謳歌《おうか》できるほどには日本経済はよくならない。すなわち、台風は、多少は勢力が落ちるかもしれないが、いぜんとして存在するのである。経営者はそのように感じるはずである。

経営者が、その企業の経営に責任を持つならば、経営の舵取りについて、何か手を打たなければならない。それでは、具体的に何ができるというのか。このような状況を背景に、私は、執行役員制度導入企業が急増すると直感的に感じているのである。

第二部　激変期を通過中の日本経済

第1章　「E」の時代の「動」の経営

二一世紀は「E」の時代

日本中に、あまりにも取締役の数が増えすぎてしまった。これでは取締役会が有効に機能しない。何とかして取締役の数を減らしたい。これが執行役員制度誕生の理由であることは繰り返し述べた。このことに間違いはない。執行役員制度をつくった多くの社長がそう思っている。しかし、本当にそれが執行役員制度誕生の真の理由であろうか。どうもそうではないような気がする。執行役員制度誕生の背景には、執行役員制度をつくった多くの社長たちも気がついていいない、もっと大きな時代の流れがあるように思われてならない。なぜ執行役員制度なのか。それは、もっともっと奥の深い話なのだ。この第二部では、執行役員制度誕生の背景にある日本経済の深層を探ってみよう。

二一世紀は「E」の時代である。「E」の時代のEは、言うまでもなくエレクトロン（電子）のE、エレクトロニクス（電子工学）のEである。すなわち、eメールのE、eコマースのEなのだ。「E」の時代とは、IT（情報技術）が支配する電子情報化時代のことである。

たしかに、わが国でもすでに電子情報が氾濫している。通りや電車の中では、若者たちが携帯電話を耳に当て、大声で話をしている。若者だけではない。中高年も街角に立ち止まって商談に夢中になっている。インターネットもあっという間に普及した。二一世紀を待たずして、電子情報化時代はすでに始まっている感がある。しかし、電子情報化が、私たちの生産と消費という経済活動を大きく変えるのはこれからである。

アメリカの社会学者ダニエル・ベルが、二〇世紀末か二一世紀初頭に、アメリカのような先進工業社会にポスト工業社会が訪れることを予言したのは、三〇年以上も前のことである。彼によれば、ポスト工業社会は、情報社会であり知識社会である。工業社会は、人類が初めてエネルギーを動力源として使うようになった社会である。蒸気機関が発明されて産業革命が起こり、エンジンやモーターの誕生が人類の生活を大きく変えた。これに対し、ポスト工業社会は、MPU（マイクロ・プロセッサ＝マイクロ・コンピュータの中央演算処理装置）が象徴的な存在になるとベルは言う。工業社会からポスト工業社会への変化は、第二部第5章で述べるように、パラダイム・シフトと呼ばれる。

ポスト工業社会は、まさにエレクトロニクスの時代と呼んでいいであろう。「E」の時代である。アメリカには、ベルの予言どおり、ポスト工業社会、すなわち電子情報社会が訪れた。国際金融市場で戦う金融機関は、毎年一〇億ドル（一〇〇〇億円）単位のコンピュータ投資をしなければならないのだ。日本は、まだポスト工業社会の入口に立ったばかりである。図表4に、ポスト工業社会の態様を示してみた。われわれは、バブル崩壊後の混乱で一九九〇年代を無為に過ごしてしまったが、この間にアメリカに一〇年以上も遅れてしまったのだ。

しかし、その日本にも、ようやく本格的な「E」の時代が訪れようとしている。電子情報化時代には、電子情報の量が現状より数千倍に膨張する。世の中に電子情報があふれるのだ。しかも、電子情報を送受信する単位当たりコストの方は、現状より数千分の一になる。したがって、電子情報量は数千倍になるが、電子情報を送受信する総コストの方は、現状とはあまり変わらない。すなわち、「E」の時代には、映像やコンピュータ・データがふんだんにやり取りされるようになるのだ。

このことは、わが国の経済のあり方を根本的に変えることになるだろう。たとえば、在宅勤務が当たり前のことになる。わが国にも、SOHO（スモール・オフィス、ホーム・オフィス）の時代が訪れるのだ。アメリカにおいてSOHOで仕事をしているのは、知識階級と呼ばれる人びとで、全就労人口の三分の一に達している。ベルは、ポスト工業社会では技術職や専門職が

図表4　工業社会とポスト工業社会の比較

工業社会

- ●経済形態は財貨生産経済（モノの経済）。技術の中心はエネルギーの動力化（蒸気機関、エンジン、モーターなど）。
- ●大量生産方式のもとで脱個性の生産活動。主流となる労働者の地位は大衆で、労働の内容は半熟練労働（肉体労働、簡単な知能労働）。
- ●経済社会における中心的な場は企業。大企業を中心に産業組織を形成。経済活動のリーダーは大企業経営者や実業家。

↓

ポスト工業社会

- ●経済形態はサービス生産経済（情報の経済）。技術の中心はＭＰＵ、メモリー、オプトエレクトロニクスに代表されるエレクトロニクス（電子工学）。
- ●ＳＯＨＯ（小事務所、在宅オフィス）や研究室において個性的な情報生産活動。主流となる労働者の地位は専門職、技術職で高度な知性や感性を用いた知的労働。
- ●経済社会における中心的な場は大学、研究機関（生産現場は無人化する）。経済活動のリーダーは科学者、研究者、起業家。

職業の主流になると言っている。最盛期の工業社会で、数日間の職業訓練を受けた半熟練労働者がベルトラインの横に立って流れ作業をしていたのとは対照的である。

これからの職業の主流を占める大勢の知識階級の人びとが、SOHOで端末を相手に仕事を始めると、その瞬間、彼らはネットワークで結ばれ、ひとつになる。そのネットワークが、アジアのみならず、世界的広がりを持つことは言うまでもない。情報のやり取りだけではない。生産、流通から消費までが、ネットワークを通じ、グローバルな規模でおこなわれるようになる。その可能性を、すでにインターネットやホームページが証明している。

このことは、わが国経済の一層のグローバル化を促すとともに、戦後半世紀あまり私たちがなじんできた大会社社会に、その終焉を告げるものである。経済社会の大きな枠組みが変容するのであるから、企業の経営環境は激変することになる。多分、日本型経営の崩壊は私たちの予想を上回るスピードで進むであろう。そのような時代の企業経営は、座して動かないのであれば、死を待つのみである。仕掛けなければ生き残れないのだ。絶えず戦略を練り、行動する企業経営こそが、「動」の経営なのである。

グローバル化はまだ序の口

さて、そこで、グローバル化について考えてみよう。わが国でも、経済活動のグローバル化はかなり進んでいるように思われがちである。しかし、実は、まだほんの序の口の段階でしかないのだ。これから本格的にグローバル化が進むことになる。

日本は、高度に発達した工業国家である。モノづくり分野に限っていえば、その産業技術力は世界の最高水準にある。この不況の一〇年間で、わが国の産業活動が萎縮《いしゅく》する一方、世界各国の成長により、わが国の産業技術も多くの分野で彼らに追いつかれてしまった。

しかし、総合力で見れば、私は、まだ世界の最高水準にあると信じている。その証拠に、貿易収支は相変わらず大幅な黒字である。

戦後半世紀の間に、わが国の産業技術力がなぜ世界の最高水準になり、わが国がなぜ高度に発達した工業国家になりえたのか。その理由は、経済立国を志した政策のあり方や国民性などいくつか数えあげることができるであろう。しかし、ここでは、ひとまずこれらのことは横に置いて、わが国が海洋国家であることに着目したい。東西冷戦時代にあった戦後、西側世界は、強く自由貿易主義を求めた。その結果、日本は、海洋国家である優位性を活《い》かしながら、世界中から最も安い資源を大量に買い集め、太平洋ベルト地帯をはじめとする海岸が埋め立ててつくられた工業地帯でこれらを加工し、その製品を、再びその生産基地から直接大型コンテナ船に積んで世界の市場に輸出することにより、今日の工業国家を築くことができたのだ。

その意味で、日本は、戦後の経済発展の過程で、世界と深くかかわりあってきた。この間、資源開発や、発展途上国における販売拠点づくり、生産拠点づくり、あるいは先進工業国との貿易摩擦等を通じ、国家レベルでも、企業レベルでも、そのグローバル化を進めてきたのだ。製造業からは、数多くの世界的規模の企業を輩出している。

しかし、これまでの日本がモノづくり産業を中心とする経済であったとはいえ、日本経済全体から見れば、いわゆるグローバル・スタンダード（国際標準）の物差しで見て、その評価に耐えうる企業はごくわずかなのだ。これからは、経済社会全体で見ても、また個別企業で見ても、もっともっとグローバル化を求められることになる。こうした見方から言えば、わが国の企業経営のグローバル化は、まだ序の口の段階なのである。

そこで、もし日本が新しい経済発展を望むのであれば、それはさらに一層のグローバル化を進めていく道しか残されていない。なぜならば、工業社会に根ざした在来型の産業について言えば、日本列島の上での成長はもはや限界があり、ポスト工業社会に期待される未来型の産業について言えば、それは本来的にグローバルな存在でしかありえないからである。

しかも、個別企業経営の態様が、国内型のドメスティックなそれであるのか、国際型のグローバルなそれであるのかは、もはや個別企業の選択に任されているのではない。国家の制度としてそのどちらかを選択しなければならないのである。そして、日本は、すでにグローバルの道を選択してしまったのだ。それは、日本は日本版ビッグバン（金融大改革）によって金融・

資本市場を世界に開放し、企業会計の国際標準化を受け入れてしまったことからも明らかであろう。

繰り返しになるが、日本にとっては、その選択しかなかったのだ。いわば歴史の必然性といえよう。モノづくり産業がここまで発達すれば、それとともに巨大化する金融を、そのまま国内の枠組みに閉じ込めておくわけにはいかない。現在金融業界に生じている大きな問題は、そもそも日本版ビッグバンが遅過ぎたことにも大きな原因がある。さらに、モノづくり産業がここまで強くなり、そのうえポスト工業社会に根差した新しい産業を育てようというのであれば、企業会計の面でも、国際標準化を受け入れざるをえないのだ。

サイは投げられた。歴史が逆流することはもうない。日本版ビッグバンは終盤を迎えている。日本経済回復の見極めがつけば、外国人投資家は大挙して日本に押し寄せてくるであろう。企業会計の国際標準化もすでにスケジュールが固まっている。これらのことが企業経営に与える大きな衝撃は、どうもまだビジネスマンに十分意識されていないように思う。それもそうであろう。日本版ビッグバンを実行すれば、大手銀行の三つや四つつぶれることは、初めから読めていたことだ。ある日気がつくと、大手銀行や大手証券の看板が外資系のそれに変わるであろうことは、関係者の間では予想されていたことである。しかし、大多数のビジネスマンはそういう危機意識を持っていなかった。日本とは、そういう国である。危機は、それが現実に到来して衝撃（ショック）を与えるまでは、危機ではないのだ。

歴史の必然とはいえ、日本はなぜグローバル化の選択をしてしまったのか。企業経営にそれほど大きな衝撃を与えるのであれば、せめてもう少し先延ばしをすることはできなかったのか。それとも、かつて金融戦争で日本がアメリカに大敗したように、今回のグローバル化も、またしてもアメリカに仕組まれた戦いなのか。

アメリカは国家戦略のある国である。日本は国家戦略のない国である。しかし、私は、日本経済が今日ある姿、そして、これから数年以内にグローバル化で日本の経済界が受けるであろう衝撃の背景に、アメリカの国家としての統一された意思があるとは思わない。少なくとも、日本版ビッグバンは、その遠因は別として、直接的には間違いなく和製の改革である。日本が自ら選択した道である。もし、その選択をしなければ、二一世紀の日本経済が、世界の中でローカルな存在になってしまうことがわかってきたからである。その他のグローバル・スタンダード化も同じことである。

ただ、国際社会でグローバル・スタンダードをつくっていくときに、アメリカの力が強いことは事実であろう。アメリカが強引に自己の主張を押しつけるのだ。しかし、これとても、ノーと言うべきところはノーと言えばよい。ただし、ただ一点、アメリカがアジアから手を引いてしまったら日本はどうするのか。大国化する中国がどう行動するか。身近なところで、北朝鮮がどう動くのか。日本は、それらのことに対する備えがあるのか。日本という国は、経済活動だけで存在するのではない。日米関係を考えるときに、国と国の関係は総合的なものであることを決して忘れてはならないのだ。

大会社社会の終焉

大会社社会とは、私が勝手に名づけてここ数年用いている表現である。大会社社会の終焉《しゅうえん》と言っても、大会社の終焉ではないので、誤解がないようにしていただきたい。大会社社会とは、戦後の日本で、とくに高度成長時代に、発展しつつある大会社を中心に国家規模の組織が形成され、その大会社が政治に対して強い発言力を持つことにより、自らが国の運営にリーダーシップを取っていた社会である。地方においても企業城下町が形成され、その地方の大会社が地方自治に強い影響力を持っていた。大会社を中心にピラミッド型の社会が形成され、生活の場でも場末のバーまでが大会社社員を常連客としていた社会組織である。

これらの大会社は、その大部分がモノづくりの企業である。工業社会国日本は、彼らの成長とともに経済大国化していった。しかし、ポスト工業社会へシフトすると、この大会社社会は徐々に消滅していく。

大会社社会の終焉が大会社の終焉を意味するものでないことについて、もう少し説明を補足しておかなければならない。日本は、明治維新と太平洋戦争の敗戦を経て、農業社会から工業社会へ移行した。しかし、今日でも農業は残っている。私は、戦後の農業政策がこれまであったような過剰な保護主義的なものではなく、もっと競争原理を導入していても、それでも多くの農業が今日生き残っていたと思う。モノづくり産業は、今日、メガコンペティションと言われる大競争に巻き込まれている。しかし、それでも、日本がポスト工業社会に移行しても、私はモノづくり産業は生き残ると思う。

ただし、今日のモノづくり産業とは姿がかなり変わるであろう。その方向は、今日でもそうであるように、徹底した高付加価値化と徹底した無人化である。ポスト工業社会の日本のモノづくり産業は、研究開発型の産業に変貌する。職場は緑に囲まれた小ぎれいな研究室かSOHOに変わる。したがって、社員は当然技術職、専門職が中心になる。一方、生産現場は徹底した無人化が進められる。今日でも日本の工場は世界でもずば抜けて産業ロボット化が進んでいるが、今後日本列島の上に工場が生き残ろうとすれば、この道しかない。したがって、工場労働者は完全にとは言わないが、ほとんど姿を消すことになる。

以上のことを前提にして、日本のモノづくり産業の位置づけを考えてみよう。日本のモノづくり産業は、アメリカのそれとは明らかに違うと思う。なぜならば、日本のモノづくり産業の技術力は、すでに述べたように世界最高の水準にあるからである。今後は、金型をどこで作るか、周辺産業を含めた産業組織をどこまで日本列島の上に維持できるかといった基本問題はあるが、日本人のモノづくりに対する執念を考えると、私は、それでも世界最高の技術力は維持できると思う。さらに、発展するアジアは、日本のライバルであるとともに、日本に広大な市場を提供してくれる。その意味で、欧米先進諸国に比べ日本は地理的に優位な立場にある。

したがって、モノづくり産業は、ポスト工業社会に移行しても立派に生き残ることになる。しかしながら、一部の企業は、それでも万人単位の従業員を抱えるところもあるかもしれないが、全体として見れば、モノづくり産業の就業者数の比率はかなり減少するであろう。

このように、モノづくり産業を中心とする大会社は、そのうちの多くが今後も生き残るものの、その姿は大きく変わることになる。これを企業経営の視角から見ると、大きな変化が生じることが予測される。伝統的な日本型経営は、この面からも変わらざるをえなくなるであろう。

激変する企業の経営環境

このように、日本経済は、いま大きな歴史的転機にさしかかっているのだ。したがって、企業の経営環境は激変することになる。企業経営とは、まずその戦略を立てるところから始まる。しっかりした企業戦略がなければ、企業経営は成功しない。日本には国家としての戦略がないと述べたが、戦後の日本には、そもそも戦略（ストラテジー）という発想がない。したがって、多くの企業に、企業戦略がない。経営環境が激変しようとしている今日、これは大きな問題ではないか。企業戦略の立案は、まずその置かれた経営環境の変化を正確に予測するところから始まる。

経営環境は個々の企業にとって個別のものである。業種が異なれば、当然に経営環境も異なる。しかし、前節までに述べた日本経済の変化は、各企業共通のものである。そこで、ここでは、日本経済の変化を経営環境の変化という観点から見て整理してみよう。

第一に、産業の態様が大きく変わる。すなわち、産業構造が変化する。工業社会から、ポスト工業社会へのシフトによる変化である。工業社会においては、モノが付加価値を生み出した。ポスト工業社会においては、情報が付加価値を生み出す。情報は、私は広い意味に解釈しているが、知恵と置き換えてもよい。たとえばパソコンは、金属やプラスティックなどコストの中に占めるモノの割合はごくわずかだが、システムやソフトウエアという情報の占める割合は莫大なものがある。したがって、パソコン産業は二・五次産業とも二・七次産業とも呼ばれるのだ。

ポスト工業社会化するのに伴い、付加価値で見ても、就業人口で見ても、第三次産業の比率が大きく増大する。残された第二次産業も、パソコン産業の例のように、より高次化する。第一次産業すら、製品（作物）の高付加価値化や製造過程の変化（栽培過程のコンピュータ化など）

により、一・五次産業、一・七次産業へと高次化する。モノづくり産業が単純なモノづくりにこだわれば、日本列島には生き残れないことになる。これからの産業は、これまで以上に知恵や感性が求められるのだ。その方向へ向けての変化は速いだろう。

第二に、これもすでに見たように、グローバル化からは、もう逃げられない。日本版ビッグバンにより、日本の金融・資本市場は世界に向けて開放された。この結果、上場企業における外国人持株比率は、現在ちょうど一〇%に達したところであるが、遠からず二〇%を超え、やがて三〇%に迫るであろう。

彼らは、彼らの尺度でコーポレート・ガヴァナンスを求める。土地を含め、資産を時価評価したときに、なぜこのように効率が悪いのか、と彼らは問いかける。親会社・子会社の連結決算により、グループ全体の不透明な部分を徹底的に洗い出そうとする。企業経営者は、このことに応えなければならない。もし応えられないならば、経営者は、外国人株主や、やがて変身するであろう国内機関投資家によって情け容赦なく首をすげかえられることになるのだ。

第三に、これまでには触れなかったが、これからは企業経営にとって環境問題が大きな課題になる。この問題に対する理解が不十分であれば、企業は二一世紀へ向けて生き残ることはできない。日本は、高度成長時代に深刻な産業公害を体験した。したがって、産業公害に対しては先進工業国の中でもむしろ問題意識は高い方である。しかし、発展途上国を含め、人類全体の工業化が進む中で、自然環境問題は極めて深刻なものになろうとしている。したがって、このことに対する正しい認識と理解がなければ、企業経営は成り立たない。

企業は株主のものである。しかし、その前に、社会的な存在として、企業は社会のものである。したがって、当然のことながら社会の要請に応えなければならない。社会は、人類全体の課題として、自然環境の保護を強く求める。しかし、日本は、一般論で言えば、その自然環境に恵まれているだけに、自然環境問題に対する意識が乏しい。しかも、日本が企業経営のあり方の本尊と信じるアメリカも、ヨーロッパ諸国に比較すると、自然環境保護に対する意識が弱い。したがって、ヨーロッパに比較すると、日本企業の環境問題に対する意識は極めて遅れていることになる。

二一世紀へ向けて、自然環境問題は急速に重要度を増してくる。企業としても、この問題を避けて通れなくなるであろう。自然環境問題は、間違いなく経営環境の重要な課題の一つになると考える。

第四に、国民の職業観が大きく変化する。ポスト工業社会を迎え、職業の主流が技術職、専門職になる結果、これまでのような、寄らば大樹の陰といった職業意識は急速になくなっていく。この結果、工業社会時代の日本型経営を支えてきた日本的雇用関係の基盤が大きくゆらぐことになる。労働市場の流動化が進むなかで、人びとの職業選択が自由におこなわれるようになるからである。もしこのことを十分に理解できない経営者がいるとすれば、近年、金融機関で優秀な技能を持った従業員の転職がどんどん進んでいることを知らない経営者である。

第五に、この結果、企業の態様が変わらざるをえなくなる。ポスト工業社会化が進むと、知識階級の人びとの在宅勤務が一般化する。そのため、彼らの側からも、また企業の側からも、雇用関係は希薄化していく。従業員の側から見れば、生活ぐるみ企業に従属している必然性はなくなる。一方、企業の側からも、端末の先で仕事をしている人がわが社の社員である必要はなくなる。彼らは企業が求めている機能だけを提供してくれればいいのだ。

したがって、企業側から言えば、それはアウトソーシングで済むことになる。これまでのように、総務、人事、会計、仕入れ、製造、販売まで丸抱えした企業組織は不要な時代が訪れる。すでに、多くの企業が、経営の中核となる部分のみを自社内に残し、その他をアウトソーシングに依存するようになりつつある。フルセット型の企業組織は、時代遅れになりつつあるのだ。これまでのような経営意識では、企業経営は務まらなくなる。

企業は仕掛けなければ生き残れない

これまでの企業経営は、「静」の経営であった。鉄鋼産業、自動車産業という大規模な業を興こし、一〇年後、二〇年後を展望しながら大型の設備投資をおこない、大量の従業員を雇い、あらかじめ定めた方向へ一直線に進む経営であった。まったく舵取りがないわけではない。しかし、時代の環境変化に対しては、必要最小限の対応で済ませてきた。変化に対して、泰然自若としていたのだ。実際、組織が巨大であるので、そうせざるをえなかったのである。すなわち、「静」の経営である。

これからは、このような経営では持ちこたえきれなくなる。なぜならば、経営環境が激変する中での方向づけは前節で見たとおりであるが、これらが、目前で、経営環境が目まぐるしく変化するようになるからである。企業は、絶えず仕掛けなければ生き残れない。したがって、「動」の経営が求められるのだ。

なぜ経営環境が目まぐるしく変化するようになるのか。それは、大きく分けて二つの理由がある。一つは、もともと農業国であったアジア諸国などの工業国化により、この分野で、いわゆるメガコンペティション（大競争）が始まったからである。もう一つは、そうした中で、日本自身が工業社会からポスト工業社会に変化することに伴い、産業の態様の変化が加速するからである。これらの問題を順番に考えてみよう。

前者の問題は、アジア諸国を中心とする発展途上国が、工業国の仲間入りをしたことによって始まった。これまで一〇億人に満たない旧西側工業国の社会に、どこまで計算に入れるかにもよるが、中国を含め二〇億人とも三〇億人とも言われる新規参入者が大挙して押し寄せてきたのであるから、この世界では熾烈《しれつ》な競争が始まることになる。一時問題を抱えていたアジアも再起しつつあることは間違いない。

このような競争市場においては、労賃、地価に見られる日本のような高コスト体質では、とても生き残ることはできない。したがって、モノづくり産業自身が、すでに述べたような姿に大きく変身を求められることになる。日本の多くの企業がリストラクチュアリング、いわゆるリストラ（事業の再構築）を求められている背景には、このようなことがあるのだ。これは、不況が去れば解決するという一過性の問題ではない。アジアが再起し、ヨーロッパの景気が上向けば、競争はますます激しくなる。しかも、それは持続的なものである。残された時間は少ない。

後者の問題は、ポスト工業社会時代の企業経営が、工業社会時代の企業経営とは本質的に異なることによるものである。このことは、日本企業について言えば、前者の問題と重複する。たとえモノづくり産業といえども、ポスト工業社会で生き残るためには、企業の姿が大きく変容せざるをえないことは、すでに述べたとおりである。

工業社会の企業は、装置型の重厚長大産業に代表される。したがって、一般論で言えば、企業組織も巨大で恒久的である。これに対し、ポスト工業社会の企業は、技術職、専門職の集団で、彼らは端末を相手に仕事をする。したがって、たとえ組織そのものが巨大であるとしても、それは流動的である。組織が固定的であっては、時代の変化にとても追いついていけない。ポスト工業社会の企業の製品は、多品種少量生産されるもので、個性的で、高付加価値ではあるが、商品寿命は短い。

以上、二つの面から、これからの企業は、不況であるからリストラをおこなうのではなく、目まぐるしい環境変化に合わせて恒常的にリストラをおこなわなければならなくなる。それは、文字どおり事業の再構築であって、単なる経営合理化ではない。単純な設備削減、雇用削減は、合理化ではあるが、リストラとは呼ばない方がいいであろう。身の回りを見回してみて、リストラと言いながら、設備削減、雇用削減、経費節減しかできない経営者は少なくないが、彼らは、それだけの能力しか持ち合わせていないと理解した方がいいのだ。

本当のリストラとは、M&A（企業の合併・買収）を伴うものである。自社の経営戦略に合わせ、経営環境を見通し、積極的に事業の再構築をおこなうのでなければリストラとは呼べない。これからの時代は、企業は絶えず仕掛けなければ生き残れない。したがって、リストラが恒常的になる。「動」の経営が求められるのだ。

第2章　国際標準化が日本企業を襲う

国際標準化が日本企業を襲う

日本版ビッグバンで外国人株主が増大

なぜ企業経営面で国際標準化が日本企業を襲うのか。それは、前章で述べたように、経済の実態面で見て「E」の時代を迎え、本格的なグローバル化以外に日本企業が生き残る道がないからである。グローバル化は、制度面のルールで言えば国際標準化である。

しかし、それでは、わが国では具体的にどのように国際標準化が進んでいくのか。それは、第一に、持株会社の解禁、株式交換制度や会社分割制度の導入など会社制度の改革や、国際会計基準の導入といったインフラストラクチュア（基盤）の整備であり、第二に、このように整備されたインフラのうえに立って、実質的に会社経営を国際社会に通用する姿に仕立て上げていくことである。

インフラ整備の方は、ここ数年でかなり進められてきている。問題は、それに基づく会社経営の実質的な運用面にある。会社経営が、本質的にどこまで国際標準化が進められていくか。実は、どうもこれが問題である。なぜならば、多くの経営者に、まだ国際標準化の真の意味が十分理解されていないからである。時価主義による含み経営の排除、株式持合い解消と徹底した経営情報の開示は、これまでの日本型経営に一八〇度の転換を迫るものである。しかし、もちろん例外はあるが、大部分の経営者にこれを正面から受けて立つだけの覚悟があるのかどうか疑問である。含み経営の解消といっても、土地資産の再評価までを強制的に迫られているわけではない。株式持合い解消は、相手方の事情もあり、そう一気に進んでいくとは思われない。会計基準の国際標準化は、そのために優秀な財務担当役員やスタッフが配置してある。当面は、彼らに任せて様子を見ていればいいのではないか。これが、大部分の経営者の考え方ではないだろうか。

しかし、ことはそのように悠長なことを言ってはいられないのだ。世の中は、速いテンポで変わろうとしている。銀行がばたばたと経営破綻することを、つい三、四年前に、どれだけの人が予想していただろうか。会計監査人の監査はこれからどんどん厳しくなる。そうでなければ、公認会計士は、自らの責任を問われ、そのレゾン・デートル（存在理由）を失うからである。いまの日本は大改革期にある。国内事情からだけ見ても、企業経営をめぐる環境変化は速い。

企業経営の国際標準化ということで言えば、それは、外国人株主の増大によって一気に加速される。日本版ビッグバンにより、外国人株主比率が急増することが予測されるからである。これまででも、海外展開するわが国企業は、意識的に経営の国際標準化に努めてきた。そうでなければ経営が成り立たないからだ。しかし、そのことに成功した企業は、ほんの一握りのエリート企業でしかない。海外展開を志しながら挫折した企業は少なくない。たとえば、国際業務に進出しようとした多くの銀行がそれである。そして、このような海外進出を試みた企業を除く大多数の企業は、国内で悠然と経営をおこなう国内派であったのだ。しかしながら、外国人株主急増による国際標準化の必然性は、これまで海外展開を試みながら国際標準化の遅れていた企業のみならず、このような大多数の国内派の企業をも埒外《らちがい》には置かないのだ。

なぜ、外国人株主が急増するのか。なぜ彼らは日本企業に国際標準化を求めるのか。ここは日本である。日本国内には、日本のルールや慣行があってもいいのではないか。なぜ、彼らはそれを否定するのか。

その答えは日本版ビッグバンにある。日本版ビッグバンに踏み切った以上は、それが成功すればという条件付きではあるが、証券取引所上場クラスの、あるいは上場を目指すクラスの企業にとって、そしてその関連企業群にとって、もう国際標準化は避けて通れないのである。なぜか。その答えは、日本版ビッグバンというコンセプト（概念）に内包されているのだ。

そもそも日本版ビッグバンとは何か。日本版ビッグバンとは、一九九六年に成立した第二次橋本内閣の政権構想である「六つの改革」（経済構造改革、金融構造改革、行政改革、財政構造改革、社会保障構造改革、教育改革）の一つ、金融構造改革のニックネームである。一九八六年、イギリスでサッチャー政権時代に実施された証券の自由化が、ビッグバンと呼ばれた。日本版ビッグバンは、これにあやかって名づけられたもので、その範囲は、証券にとどまらず、銀行、保険など金融産業全般に及ぶものである。

なぜ日本版ビッグバンなのか。「E」の時代を迎え、大胆な構造改革なくしては二一世紀の日本はない。これが、橋本内閣の掲げた「六つの改革」の基本的な考え方である。日本版ビッグバンは、その中の一つに含まれており、フリー、フェア、グローバルというそのキーワードは、東京市場をニューヨーク、ロンドンと並ぶ世界の三大資本市場、金融市場に復権させるためのスローガンである。橋本内閣から小渕内閣に政権は移行したが、行政改革とともに、金融大改革などいくつかの改革は、その後も着々と進められている。

日本版ビッグバンは、とかく金融機関の問題と考えられがちである。しかし、すでに述べたように、その目指すところは東京市場の復権である。したがって、日本版ビッグバンがもし成功すれば、その影響は金融機関にとどまらず、証券取引所上場企業全体に及ぶものである。成功しなければ、日本経済に明日はない。私たちが、二一世紀の活気ある日本経済を考えるときには、論理の当然の帰結として、日本版ビッグバンの成功がその前提にある。したがって、上場企業は国際標準化を避けて通れない。その選択が受け入れられないならば、市場の隅でじっとしているよりほかはあるまい。しかし、市場は甘くはない。そのような企業は、やがて市場から脱落していかざるをえなくなるだろう。

ここでは一般的な上場企業について述べてみた。しかし、現実は、企業提携やM&A（企業の合併・買収）を通じ、もっと速いテンポで外資系との資本関係が深まっている。ルノーとタイアップした日産自動車やシティグループの傘下に入った日興証券など、その事例は枚挙にいとまがない。ハイテクを備えた株式公開直前のヴェンチュア・ビジネスも、外国資本に虎視眈々と狙われているのだ。

株式持合い経営の消滅

これから外国人株主が急増する中で、企業経営に何が起きるのか。最大の変化は、株式持合い経営の完全消滅である。「株式持合い」の完全消滅ではない。株式持合い「経営」の完全消滅である。「株式持合い」の解消には、まだ多少時間がかかるかもしれないが、株式持合い「経営」の消滅は、目前に迫っているのだ。

これは、戦後日本の企業経営にとって革命的な変化である。なぜならば、戦後日本の企業経営は、良くも悪くも株式持合い経営に安住してきた。株式を持ち合っている企業同士が、互いに相手の経営に口出しをしないのだ。したがって、企業経営は経営者の意のままになりがちで、資本の論理が働きにくくなる。いわば、もたれ合い経営である。その株式持合い経営がなくなるのであるから、企業経営にとっては革命的変化である。

周知のとおり、戦後日本の企業金融は、つい近年まで間接金融が主流であった。その中で、株式持合いが進められてきた。

戦後の前半は、わが国経済は高度成長期であった。このような時代は、設備投資をすればするほど業界内のシェアを拡大できる。間接金融主流であるから、各企業は、もっぱら銀行借入れに頼って設備投資をおこなう。しかし、それでもときには増資をおこなわないと、自己資本比率、今日で言うところの株主資本比率が著しく低下し、経営が不安定になる。しかしながら、株式市場はまだ未成熟であった。そこで、旧財閥系など企業グループ内で、金融機関が中心になり、お互いに持合いの形で増資がおこなわれた。これが、株式持合いのそもそもの発端である。

戦後も後半になると、事情は少々異なってくる。わが国でも、ようやく株式市場が力をつけてきた。そこで、企業は資金調達の場を株式市場に求めるようになる。直接金融化である。しかし、そうなると、銀行をはじめとする金融機関は、これまでの顧客であった自らの貸出先を失うことになる。そこで、金融機関は、取引先をつなぎ止めておくために、自らもまた企業の増資に積極的に応じるようになる。金融機関を中心とする大株主の順位争いが熾烈《しれつ》になったのは、一九七〇年代後半になってからである。また、この頃になると、既存の系列関係が弱まる中で、一般企業間においても、新たな系列関係を構築するために、あるいは、既存の系列関係を強化するために、いっそう株式持合いを深めていった。

このように、わが国では、戦後一貫して持合い関係を強めるかたちで企業の資本の充実がはかられてきた。ここにわが国企業経営の特色がある。

そこで、株式持合いの利点と問題点を見てみよう。

まず利点としては、第一に、安定株主比率が高いことによる経営の安定、第二に、株式持合いという形での関係強化による営業上の利点、第三に、長期保有することにより、それが直接的な動機ではなくとも結果として得られる投資収益の利得が挙げられる。ただし、第三の点については、高度成長期にはこのような結果としての収益が得られたが、戦後の後半に入り、経済成長率が低下し、一方で株式の時価発行が盛行するようになると、株主としての企業にとっては、十分なリターン（収益）が得られなくなり、むしろ株式の持合いが負担に感じられるようになってきた。

これに対し、問題点としては、第一に、経営者の経営安定化への安住、第二に、もし株式持合いそのことにより営業上の利点があるとすれば、株主平等の原則への背反、さらに、第三に、株主としての経営監視能力の低下が指摘できよう。このような問題点は、株式持合い関係にな く、純粋な投資を目的とする本来の株主から見ると許しがたいところである。しかし、まだ株式持合い擁護論も残っており、一部の経営者にこの考え方が根強いが、これは株式市場の不透明化、不公正化を容認するもので、国際社会では認められないものだ。

しかし、実はもう株式持合い経営は風前の灯し火である。なぜならば、株式持合いそのものが減少するとともに、持合い関係にない一般株主が、株式持合い経営、すなわちもたれ合い経営を拒絶するようになるからである。

増大する外国人株主は持合い経営を積極的に排除するであろう。彼らの前では、持合い株主同士がもたれ合った甘い経営は、通用しないはずだ。さらに、日本にも、アメリカの確定拠出型年金四〇一kプランを手本にした日本版四〇一kプランが導入されるが、そうなると、機関投資家は、年金ファンドについて、一段と厳しい株式運用を求められるようになる。彼らもまた、これまでの持合い関係の当事者としての甘い運用姿勢と決別しなければならなくなるのだ。企業経営に対し、厳しい注文をつけるようになるだろう。

そもそも持合い株式はどのくらいあるのか。これは難問である。なぜならば、株式持合いは当事者の主観的要素があり、形式的な調査ではその実態がつかめないからである。持合い株式の定義にもよるが、私の実務経験を通じての直感で言えば、上場企業全発行株式に占める持合い株式の比率は、かつては五〇％以上あったのではないかと考える。いわゆる安定株主ということで言えば、この比率はもっと高かった。しかし、近年持合い解消は急速に進んでおり、また持合いの意識も希薄化しているので、その比率は二〇％を割ったのではないかと思う。なお、株式持合いの実態については、和光経済研究所刊『証券投資』五二〇号（一九九七年七月号）掲載の拙論「株式市場の透明化をどう実現するか」を参照していただきたい。

国際標準の物差しを使う外国人株主

すでに述べたように、日本版ビッグバンに成功すると、外国人株主が増大する。外国人株主が増大しなければ、日本版ビッグバンは成功したとは言えない。そのときは、東京市場をはじめ日本の市場は、世界のローカル・マーケットに成り下がってしまうのだ。世界の発展に、日本は置いていかれることを意味する。

外国人株主は、企業経営の判断材料として、国際標準の物差しを使う。なぜならば、彼らは世界中どこへ行っても国際標準の物差しを使うからである。もし、日本で国際標準の物差しが使えなければ、彼らは日本から去るであろう。このことは、日本版ビッグバンの不成功を意味する。したがって、日本版ビッグバンに成功するということは、日本のマーケットが国際標準化することを意味する。くどいようだが、もし日本版ビッグバンが成功しなければ、日本は世界の発展に置いていかれるのだ。

さて、日本のマーケット、ここでは株式市場に限定しようと思うが、株式市場が国際標準化すると何が一番変わるか。それは、コーポレート・ガヴァナンス、すなわち企業統治のあり方である。コーポレート・ガヴァナンスこそは、株式市場の国際標準化のキーワードである。それでは、そのコーポレート・ガヴァナンスのあり方の基本は何か。それは、企業活動の目標を企業の所有者である株主利益の極大化に置くところにある。

コーポレート・ガヴァナンスにより、徹底して資本の利潤が求められる。それは、市場における資本効率の追求によって実現される。そして、このようにして得られた資本の利潤は、その資本の所有者に還元されるのだ。それは、資本主義社会であるから当然のことである。今日、わが国で自由化が叫ばれ、競争社会の実現が叫ばれているのは、経済の側面から見ると、このような資本効率を高めることのできる市場経済を実現しようとしているのである。

もちろん、資本の所有者と言っても、今日の日本においては、少数の例外を別にすれば、労働者を搾取するような資本家がいるわけではない。市場で運用される巨額の資金は、国民の貯蓄資金であり、年金資金である。したがって、資本の所有者をもし資本家と呼ぶとすれば、資本家は国民自身である。国民の所有する資本の効率を徹底して高めようとするのが、資本主義であり、株式会社制度である。

日本版ビッグバンは、すでに出口が見えている。終了間近である。もう後戻りはできない。このことは、わが国においても、このような資本効率を追求する市場が実現することを意味している。企業経営は、どうしても変わらざるをえないのだ。

コーポレート・ガヴァナンスの基本が株主利益の極大化追求にあるといっても、その他のステークホルダー（企業の利害関係者）の利益を無視するということではない。労使間の安定した関係、信頼関係は、生産性を高め、株主の利益にもつながるであろう。仕入れ先や販売先との友好的な関係は、企業経営の安定した継続にとって不可欠である。これまた株主の利益につながるものである。しかし、経営が経営合理化を必要とする状況に立ち至ったときは、人員削減も躊躇《ちゅうちょ》することはできない。仕入れ先や販売先との間が癒着関係に陥れば、それは明らかに株主の利益を損なうことになる。

企業が、経済社会においても、市民社会においても、良き市民でなければならないことは、コーポレート・ガヴァナンス以前の問題である。ましてや法治国家において、法律を守り、企業倫理を重んじなければならないことは言うまでもないことだ。これらに反することは、すべて資本の利益を害することにつながる。しかし、資本の利益を追求するとき、この判断を誤りやすいことは、いくつもの不祥事が示している。この面からも企業経営には監視装置が必要である。

企業会計の国際標準化はもう走り出した

さて、外国人投資家が企業経営の判断に国際標準の物差しを使おうとするとき、避けて通れないのが企業会計の国際標準化である。実は、わが国も企業会計の国際標準化はもう走り出しているのだ。一九九九年度の税効果会計の導入や連結キャッシュフロー計算書の開示に次いで、二〇〇〇年度には、いよいよ時価会計や退職給付会計が導入される。企業会計の国際標準化は、もう待ったなしである。

さらに、会計監査人の会計監査も、年々厳しさを増している。当然と言えば当然のことだが、限りなく企業経営の透明化を求めようとしているからである。例えば、債務保証予約やいわゆる経営指導念書についても、その文言や実態から見て、最終的にはその保証を履行しなければならないものについては、会計監査人はその開示を求めている。これを負担に感じている企業は少なくない。

さて、そこで、このような企業会計の国際標準化とわが国企業経営とのかかわりを整理すると、含み経営の排除とオフ・バランスシート情報（貸借対照表に表れない情報）の開示との二つの焦点が浮かび上がってくる。この二つは相互に深い関係にあるが、ここでは、一応二つに分けて、それぞれについて考察してみよう。

まず、含み経営の排除については、時価会計主義の導入によってその方向は明確である。

わが国で含み経営という場合、本来は土地資産の含み益などを企業経営のバッファー（緩衝材）として利用することを指していた。為替相場に失敗して大きな特別損が生じたときに、含み益を持つ土地資産を売却して、これを穴埋めする。しかし、持合い関係にある大株主からは、とくに経営責任は問われない、といったぐあいである。その大株主も同じ穴のムジナであるからだ。

近年の含み経営には、含み損を抱えたまま、じっと時が経過するのに耐える経営もある。有価証券の時価が下がっているのを、取得原価のままじっと抱えているのがそれである。退職給付債務も、大部分の企業にとって、現状では含み損である。それも、驚くほど巨額な含み損と予測される。企業は、それをじっと抱えたまま経営を続けているのだ。

今後は、時価会計主義の導入により、多くの資産について時価評価が強制される。したがって、これまでのような、含み益を利用した経営者の思いのままのゆとり経営や、含み損を抱えたままじっと時がたつのを待つ耐乏経営は通用しなくなる。ただ、現在、二〇〇一年まで特別に土地資産の再評価が認められているが、税制上の特別措置が伴わないためか、金融機関を除き、これを利用している企業は意外に少ない。私は、かねてから土地資産の再評価推進を主張している立場にあるが、もう一段階制度が整備されると、市場を通じて、外国人株主などからも土地資産再評価が強く求められるようになるであろう。

かつて海岸を埋め立てて工業用地を造成した日本の企業経営者は、今日、その採算を埋め立て当時の造成コストではじいていると説明する。もし、それを現在の地価に置き換えると、製品コストが著しく上昇し採算に合わなくなる、と言うのだ。しかし、株主の立場から言えば、それでは資本が効率的に活用されていないことになる。もし、それで事業採算に合わないのであれば、埋立て地は売却して、その事業からは撤退すべきなのだ。

オフ・バランスシート情報の開示については、連結中心の情報開示制度への移行、退職給付会計の導入、さらには会計監査人による監査の厳密化によって、一段と強まる方向にある。企業会計は、限りなく透明でなければならない。なぜならば、持合い株主ではない一般株主にとって、開示された企業情報は唯一の投資の手がかりであるからである。その意味で、国際会計基準の導入による企業情報の開示、なかでもこれまでオフ・バランスシートであった情報の積極的な開示は、株式市場活性化のための不可欠な条件である。

国際会計基準の統一は、ここ一〇年近い国際社会の流れである。それだけ国を超えた資本の流れが活発化してきたことの表れである。しかし、わが国にとって、このことは二重の意味を持つ。一つは、GDP（国内総生産）の規模で見て、アメリカに次ぐ第二の経済大国である日本が、当然のこととして、国際社会において先進国の一つとして行動することを確認することである。もう一つ、より重要なことは、企業会計面で、わが国企業の経営が、これまでの日本型経営から脱却することである。株式持合いをベースにした含み経営とは、もう決別しなければならないのだ。国際会計基準の導入は、日本企業にとって、他の欧米企業、なかでもアメリカ企業とは比較にならないほど大きな衝撃を受ける話である。しかし、日本は、国際会計基準の導入を決断するよりほかに、選択の道はなかったのである。

第3章　跡形もなくなる日本型経営

日本型経営とはいったい何だったのか

私は、これから数年のうちに日本型経営は跡形もなくなると考える。それは、日本型経営を支えてきた戦後日本の経済社会の基盤が消滅するからである。日本型経営は、日本の経営が欧米のそれとは異質であるところから、一般的には日本的経営と呼ばれてきた。本書では、その特異な日本的経営を一つの類型と認識して、日本型経営と呼ぶことにする。さて、日本型経営にもメリットはあるはずだとの考え方もある。しかし、そのメリットは、戦後日本の経済社会におけるメリットであって、その経済社会が消え失せるのであるから、メリットだの、デメリットだのと議論する余地はなくなる。これからの日本の経済社会は、数年以内に劇的に変化する。このように考える方が、これからの変化に対して、前向きに対応できるはずである。

日本型経営とは、いったい何だったのか。

それは、雇用の面で言えば、年功序列であり、その前提としての終身雇用制度である。手厚い福利厚生制度や企業年金制度もその一つに数えるべきであろうか。従業員のうちの何人かは、取締役になってボード入りのゴールにたどりつくことができる。多くの人はそのまま定年を迎える。人間は、とかく自分の実力を過大評価しがちなので、多くのサラリーマンに昇進への不満は残るかもしれない。しかし、彼らも、そのことさえがまんしていれば、一生の生活は保障されている。

経営の面から見ると、株式持合いに支えられ、株主から今期の収益を厳しく求められることもなく、また欠損が出れば、自らの経営責任は棚に上げ、その理由を不可抗力的な経営環境のせいにして、含み益を取り崩して決算を取りつくろうことのできる経営である。

もちろん、業界内にシェア争いの競争がないわけではない。しかし、その業界は、金融界ならずとも、大なり小なり護送船団方式で保護されている。新規参入者に対して規制というバリア(障壁)が設けられているからだ。一度業界ムラに入ってしまえば、居心地は悪くはない。したがって、誘われれば、業界内の秩序を守るための話し合いにも乗る。悪くすると、談合にまでつながりかねない。今日でも、驚くほどのエクセレント・カンパニーが談合に参加しているのは、このような背景があるからである。

金融は、もっぱらメイン・バンクに頼ってきた。メイン・バンクとの関係さえ良好に保っていれば、いざというときは助けてもらえる。したがって、直接金融で、市場から自力で資金調達するときの緊張感はない。

地域社会との関係も悪くはない。企業城下町と言われるところでは、その企業あっての地域社会である。地元の行政と親密な関係にあることは言うまでもない。良家の子女は、その企業が採用している。親子代々その企業の従業員ということも珍しくない。

このように、経営に緊張感がなく、短期の利益追求を求められるわけでもないから、経営は長期的視野に立っておこなえばよい。株主から、今期の収益見通しや来期のキャッシュフローを問われるわけでもない。

株式持合いのおかげで、株主の経営監視機能が失われているので、取締役会は形骸化してしまった。株主総会も、かつての総会屋を追放してしまったため、すっかり緊張感を失っているのが現状である。これでは、社長と実力会長の間で多少は相互牽制が働くかもしれないが、経営は、まずは社長の思いのままである。これならば、極論すれば、誰でも社長が務まるはずである。

これが、日本型経営の平均的姿をスケッチしてみたものである。しかし、これでは、多くの読者から異論が出そうだ。あくまでも平均的姿をスケッチしてみたものではあるが、それにしても実感に合わない、と思われるかもしれない。その一つは、多分、早くから国際市場で激しい競争にもまれている企業である。彼らは、すでに日本型経営から脱皮していると考えられるからである。もう一つは、この数年間の日本社会の変化である。規制緩和がかなり進んだため、わが業界も護送船団方式と言われてみても、今日ではピンとこない。メイン・バンクも、不良債権を抱えてすっかり頼りなくなってしまった。企業城下町にいたっては、四半世紀前の石油危機や、その後の円高不況で、その多くが元気を失い、消滅しかかっている。

ということで、私が考えている日本型経営も、すでにその半分以上が昔の幻影にすぎないようだ。いまだにかろうじて形をとどめているのは、終身雇用制度と株式持合いであろうか。しかし、これらとても、足元がおぼつかない。終身雇用制度と言っても、すでに、多くの企業で、経営合理化の一環として定年の繰り上げや希望退職制度を実施している。株式持合い比率が減少していることも、すでに見てきたとおりである。しかし、一つ問題が残っているのは、取締役会や株主総会の形骸化である。

これまでの日本型経営を支えた基盤

日本型経営の多くの部分が、すでに昔の幻影になりつつある。そうした中で、肝心の経営の芯《しん》の部分が、まだほとんど変化しないで残っている。ここに、これからの企業経営の大きな課題がありそうである。そこで、この問題点を探るために、これまでの日本型経営を支えてきた基盤をもう一度検証しておこう。

その多くの部分がすでに消滅し、あるいは退化しつつあるとは言え、戦後、なぜ、いわゆる日本型経営が栄え、かつまたそれが可能であったのか。

第一に、まず最も基本的なことは、日本経済が右肩上がりであったことである。第二に、すでに述べたとおり、規制というバリアによって業界が形成され、これが外部から守られていたことだ。そして第三に、これもすでに述べたところであるが、株式持合いのもとで、持株日本的な資本主義社会がつくられていたのである。これらを、もう一度順番に見てみよう。

まず、第一に、戦後日本の経済が、少なくともその前半において、高度成長期にあったことは否定できないところである。日本の高度成長期は、私は、一九五六年（昭和三一年）の経済白書が、前年の五五年を振り返って「もはや戦後ではない」としたときに始まり、第一次石油危機に遭遇した一九七三年（昭和四八年）まで続いたと考える。その後も波はあったが、一九九〇年（平成二年）まで成長は持続した。すなわち、右肩上がりの経済であった。

日本経済は、現在の長期にわたる不況を脱出すると、私は再び成長軌道に戻ると信じている。しかし、それは、ポスト工業社会時代の成長であって、これまでの工業社会時代の成長とは異なるものである。両者の間には、質の大きな変化が見られる。したがって、いわゆる右肩上がりの経済は、戦後の日本型経営を考えるに際しては、ひとまず一九九〇年で終わったとしておこう。

国の経済が高度成長期にあるときは、経営は比較的容易である。企業は絶えず規模が拡大し、従業員が増大する。したがって、こういう条件のときは、終身雇用が可能になり、これを前提とした年功序列が比較的無理なく受け入れられる。一方、設備投資については、多少のタイミングの判断を誤っても、やがて需要が追いついてくる。したがって、この程度の経営の判断ミスを容認するかどうかであるが、自らもまた同じミスを犯す可能性のある持合い株主はこれを容認し、この間の資金繰りは、メイン・バンクがつないでくれた。

第二の規制という名のバリアは、戦後日本経済の大きな特色である官民の癒着をもたらすものである。規制は、既存事業者にとっては一つのルールであるにもかかわらず、新規参入者にとっては、参入の障壁となるものである。これによって、既存事業者である企業は、バリアの内側のムラ社会で保護されていたのだ。したがって、経営の大きなエネルギーは、官僚との良好な関係の構築に振り向けられていた。そのことがまさに経営であったのだ。経営にとっての重要な情報が、現場ではなく、本部にあったのもこのためである。

資本主義というよりは、すぐれて社会主義的な経済社会であったと言える。経営者が資本市場の競争原理に晒されることはない。彼は、官僚との良好な関係のもとで、既得権益を守り、あるいは新しい権益の割当てを獲得してくることが大きな仕事であったのだ。戦後の日本は、社会主義国以上に社会主義的であると言われてきた。このことは、経済社会にも当てはまることである。実は、今おこなわれている一連の経済改革は、このような国に本格的な市場原理を導入しようというのであるから、容易なことではないのだ。

第三の株式持合いは、戦後のわが国株式市場の健全な発展を決定的に遅らせるものであった。なぜならば、そもそも持合い株式は本来の株式としての要件を欠いているからである。このような株式が市場に多数存在するのであるから、もともと健全な株式市場など育つはずがない。さらに、悪いことには、すでに述べたように、戦後の後半時代に入り、時価発行増資が一般化するようになってからも、金融機関を中心に株式持合いがさらに進められていった。

持合い株主の最大の欠陥は、株主としての経営監視が機能不全に陥ることにある。わが国では、本来純粋な投資家であるべき機関投資家までが持合い株主的要素を持っていたために、これまでは株主総会において積極的な発言をしなかった。このような状況のもとで、一方で総会屋の横行を許しながら、まず株主総会が形骸化していった。さらに、取締役会が、企業の戦略立案や経営指針の策定、これに基づく具体的な業務の執行、その業務執行の監視という機能が未分化なまま、これまた形骸化し、同時に肥大化していった。

それでは、どのようにして経営が進められたのか。ほとんどの企業で常務会や経営会議という名の会議体がもたれ、これが取締役会の機能を代行していった。そして多くの場合、すべての権限が最高経営責任者としてのトップ、すなわち社長や実力会長に集中された。取締役や監査役も実質的にはトップによって選任されるのであるから、取締役会や監査役会はもとより、取締役の上席者で構成される常務会や経営会議も、十分な経営監視機能を持ち得なかった。

わが国では、経営の意思決定は、多くの場合ボトムアップ方式である。案件がトップに持ち上げられるまでに、大方の関係者のコンセンサスは得られているが、権限がトップに集中しているのであるから、最後はトップが決断をすれば、経営としての意思決定がなされたことになる。トップは絶大な権力を持っているのである。

社内の内紛や権力争い、あるいは不祥事など、トップが直接かかわる事件が決して少なかったわけではない。しかし、一般論で言えば、日本経済が右肩上がりの時代には、このような仕組みの経営が比較的順調であった。それは、企業組織が外部から遮断され、社内はトップを家長とする家族組織で固められていたからである。

外国人株主から見た日本型経営

終身雇用制度や株式持合いに象徴的に代表される日本型経営も、それを可能にした環境が大きく変わりつつあることは、すでに見てきたとおりである。そして、雇用調整や自らの意思に基づく転職の増大による終身雇用制度の動揺、系列企業意識の希薄化による株式持合い比率の低下に見られるように、日本型経営そのものが実質崩壊に向かいつつあることも見てきた。

しかし、一方で、経営機能としての取締役会や最高経営責任者（CEO）のあり方など、経営の芯《しん》の部分が、まだ多くの企業で、ほとんど手がつけられないまま残っている。そして、これらも、既存の制度や体制は日本型経営の消滅とともに遠からず消え去っていく運命にあるものである。企業は、いま新しい制度や体制の構築を求められているのだ。実は、執行役員制度がそれである。

外国人株主の目で見た日本型経営の今日の姿とその問題点を整理してみよう。

まず、第一に、持合い株式が、近年急速に減少しているとはいうものの、まだ全株式の二〇％近い比率で残っていると考えられる。これは、決して無視できない数字である。

持合い株式は、その誕生の経緯がどうであれ、今日的物差しで評価をすると、株式とは言えない株式である。なぜならば、持合いであるがゆえに経営監視機能が極めて弱く、また純粋な姿で投資家としての株主の利益を追求しようとしないからである。しかも、このような株式が存在すること自体が問題であるばかりでなく、これらの株式が総発行株式数の二〇％近くを占めるということは、その分だけ、その他の純粋な株主の発言力を弱めることになる。

持合い株式は、一日も早く解消しなければならないものである。過去の歴史にこだわることなく、全面的な解消の方策を検討しなければならないときである。

第二に、企業会計の透明化である。これは国際会計基準の導入により、かなりの部分が解決されると思う。国際会計基準は、企業に対して、容赦なく情報開示を求めるからである。

こうしたなかで、一点問題が残るのは、土地資産再評価が強制されないことである。その結果、含み経営の温床が残ることになる。含み経営は、国際標準化を進めるときに、どうしても排除しなければならないことの一つである。税制面を含め、早い機会に制度が整うことが前提であるが、各企業が前向きにこれに取り組むことが望ましい。多分、外国人株主がこのことを促すであろう。

第三に、わが国では、法の整備が現実に追いつかないこともあり、取締役会を中心とする経営機構が未成熟である。

経営機構を、経営戦略の立案、経営指針の策定分野、これらに基づく具体的な業務執行分野、業務執行の監視分野という三つの分野に分けることが適切かどうかは議論の残るところかもしれない。また、それぞれ相互の関係をどのように考えるか、歴然と分けることができるものなのかどうか、それぞれの役員を誰が選任するのか、その実績を誰がどのように評価するのか、さらに、組織外部からの牽制をどのように組み込むのか、といった多くの考慮しなければならない問題点も残されている。

いずれにせよ、外国人投資家の目から見ると、わが国の取締役は数ばかり多いため、取締役会が機能不全に陥っているだけではなく、この数多い取締役の誰がどのような役割を果たすのか、まったく不明であると言わざるを得ない。

第四に、そのこととも深く関係するが、だれが株主を代表して経営を監視しているのかがわからない。これは、コーポレート・ガヴァナンスの本質にかかわる問題である。

企業は株主のものである。株主の利益が最優先して考えられなければならない。それでは、その株主の立場に立って、誰が経営活動を監視しているのか。それは、わが国の法の建前から言えば、取締役である。しかし、多少実務に明るい人であれば、これだけ数の増えてしまった取締役にとって、そのような意識が希薄であることは明らかである。むしろ、彼らの関心事は日常の分担業務である。それでは、全権限を握り、代表取締役である社長がその立場にあるのか。本来であれば、せめて社長はその立場に立たなければならない。しかし、安定株主、なかでも持合い株主に支えられて株主総会を乗り切ることのできる社長にとって、ここに述べる株主の立場に立つ意識がそれほど強いとは考えられない。

いろいろの考え方はあろうが、一般論で言えば、日本ではまだコーポレート・ガヴァナンスが確立していないのだ。社長のみならず、少なくとも取締役にとって、企業は、まだ「わが社」なのである。

第五に、経営の意思決定のスケールが小さい。日本の社長は、安定株主、なかでも持合い株主の白紙委任状を取りつけながら、少なくともわが社の経営に関しては全権を掌握している。したがって、本来であればかなり大胆な経営の決断ができるはずである。

ところが、日本の社長は、人間集団である企業組織の長の意識が強い。したがって、少なくともこれまでは、経営判断において企業組織への配慮が優先していた。したがって、リストラといえば、せいぜい希望退職を募るなどの雇用調整までは手をつけるが、思いきって事業部門を売りに出すとか、M＆A（企業の合併・買収）を手がけるなどは、得意ではなかった。裏返して言えば、そこには、株主の利益を極大化することを最優先するという意識が働いていなかったのだ。今日、この不況の中においても、思い切ったリストラ策があまり見られないのは、このような事情があるからである。

このように、日本型経営が崩壊する中で、日本の経営が大きく変わりつつあると言っても、外国人投資家の目で見れば、まだまだそれは日本的なのだ。一部の企業で執行役員制度の導入が始まったのは、まさにこの問題がかかわっているからである。

日本型経営では持ちこたえられない

これからの経営は、もう日本型経営では持ちこたえられない。大きく変わることのできる企業だけが生き残ることができるのだ。なぜならば、わが国の経済社会そのものが、質的に変化するからである。

日本は、この一〇年、バブル崩壊の後遺症で経済活動が著しく停滞した。今日、まだその延長線上にある。巨額の公的資金が金融機関に注入され、その再編成が進められている。しかし、金融機関が抱える不良債権問題は、まだ十分に解決していない。これらの処理が進み、日本経済に明るい展望が開けてくるのは、何年か先のことであると思う。

さて、その何年か先の日本経済をどのように考えるのか。日本は、モノづくり経済では秀でていた。しかし、工業社会としてはすでに成熟段階に達している。高齢化も一段と進む。経済成長率はかなり低下するであろう。したがって、私たちは、アジアの躍進を横目に見ながら、私たちのペースで毎日を送ればよい。これが一つの考え方。これに対し、日本は、工業社会ではすでに成熟段階に達したが、ポスト工業社会にパラダイム（経済活動の基礎的枠組み）をシフトすれば、さらなる発展が期待できる。「E」の時代の到来である。工業社会で秀でていた日本が、ポスト工業社会、「E」の時代に活躍できないはずはない。日本は、躍進するアジアの中にある。一九九〇年代のアメリカを見てもわかるように、ポスト工業社会に移行した日本経済の成長率が、それほど大きく低下するとは考えられない。これが、もう一つの考え方である。

さて、前者の考え方に立つならば、日本型経営が持ちこたえられるか、持ちこたえられないかは、あまり深刻に考える必要はないであろう。それでも、私は、日本社会は変化し、日本型経営は消滅していくと考える。しかし、それはそれでいいのであって、それ以上あまり考える必要はない。ゴーイング・マイウェイで生活を送ればいいのだ。

問題は後者の考え方に立つ場合である。日本経済には引き続き強い自己主張がある。しかし、日本経済が活気づくからには、外国資本の大挙しての日本上陸は避けられない。ここで、日本企業と外国資本の大きな衝突が起きる。そのことによって、まだかろうじて残っていた日本型経営は、跡形もなく消え去るに違いない。日本企業自らが国際標準化を急ぐことは間違いない。制度面のいくつかは、持株会社解禁など会社制度の改革や国際会計基準の導入などスケジュールが決まっているからである。しかし、それらは形式的なもので、実体的な改革がどのような速度で進むかは、疑問である。なぜならば、実体的な改革には意識改革が伴わなければならないからである。

日本経済の停滞からは、まだ簡単には脱却できない。時間を要する。したがって、このような環境のもとでは、意識改革にも時間がかかり、実体的な改革はなかなか進まない。しかし、日本の将来性を見込んだ外国資本の対日進出は意外に早い。世界には、成長経済圏を席捲《せっけん》しようと虎視眈々《たんたん》と狙っている巨額の資金が存在するからである。彼らは、日本側の準備が整わないうちにどっと押しかけてきて、次から次へと彼らの要求を突きつけるに違いないのだ。

その衝撃の強さは、経営者、なかんずく経営トップの予想を上回るものである。連結ベースのキャッシュフローはどうなっているのか、ROEはなぜこんなに低いのか、採算の取れない生産拠点をどうするつもりなのか、彼らの質問は矢継ぎ早である。これに応えるためには、日頃から、明快で骨太な経営戦略・戦術を持つことと、これを具体的な経営の場で実現できる強力で、かつ緻密な業務執行力を持つことである。これらは、これまでの日本型経営の中では実現できないことである。

なぜならば、経営陣が、これに応える専門家としての能力や心構えを欠いているからだ。例外も決して少なくはないが、ただ上役にゴマをすることだけに専念してきた取締役に何ができると言うのであろうか。日頃から広い視野を持つことの鍛錬をしていない取締役に、企業戦略を立案することができるのであろうか。株主を代表して資本の利益を守ろうとする気構えのない社長に、事業部門の売却などできるであろうか。

残念ながら、日本には、アメリカのビジネス・スクールのような企業経営者を専門に養成する機関はまだ十分に整っていない。また、経営者が、転々と企業を渡り歩く間に市場で評価が固まるという仕組みも存在しない。したがって、数多い企業経営者のすべてに今すぐ専門家を求めるのは無理な話かもしれない。しかし、「E」の時代は、企業経営者と言えども、専門家の時代である。少なくとも、日本に乗り込んでくる外国人投資家は、投資家としてプロである。

経営者は、市場で彼らと対峙《たいじ》しなければならない。彼らは、市場で企業を評価し、経営者を評価しようとする。彼らが、彼らの立場でできることは、経営者に対して、単刀直入に経営改善を申し入れることである。これからは、ファンド・マネージャーとしての実績を厳しく求められる国内の機関投資家が、これに同調することもあるだろう。アメリカでは、機関投資家がCEO（最高経営責任者）に詰め腹を切らせることすら珍しくないのだ。しかし、多くの場合は、彼らはこのような面倒な手続きをとらない。ただ市場で、その企業の株を売りたたけばいいのである。外国人投資家の力は強い。あっという間にその株は暴落する。そのことは、資金供給を断たれることを意味する。すなわち、市場から退場を命じられるのだ。マーケットとは、冷酷なところである。

執行役員制度は、単に取締役の数が増えすぎたためにできた制度ではない。このような日本の企業経営の変化に深くかかわっていることを銘記しておきたい。

さらば日本型経営

日本型経営を象徴する終身雇用制度は、完全になくなることはないが、その存在感はかなり希薄化するであろう。すでに、右肩上がりの経済成長期を終え、一方で少子化時代を迎えるからである。経営環境が変わり、若者の職業意識も変化してきた。これに伴い、年功序列も姿を消す。これからは、専門家の時代である。専門家としての力量を持った者だけがビジネス社会に生き残ることができるのだ。さらば日本型経営である。

株式持合いは、個々の事情もあるので、一気には解消しない。しかし、外国人投資家の進出と国内機関投資家の変身により、持合い株式が存在することの意味は薄れる。土地資産再評価が強制されていないので、若干の含み経営の余地は残るが、しかし、国際会計基準の導入によって、経営の会計面の自由度は相当減少する。すなわち、企業会計はかなり透明になる。持合い株主同士が相互に傷を舐《な》め合い、含み益に依存していた日本型経営とは、さらばである。

取締役の数ばかり多く、経営機構としての実態があいまいであった日本の取締役制度は、やがて姿を消す。多くの企業が執行役員制度、またはこれに類似した制度を採用し、経営とは何かが、より明瞭になってくるからである。この面からも、さらば日本型経営であろう。

細かい議論を別にすれば、日本型経営は、ほぼ完全に消滅すると考えている。そうでなければ、日本の企業は生き残れないからである。私がビジネスマンとして四〇年間なじんできた日本型経営よ、さらばである。

さて、いよいよ日本型経営と別れるとなると、名残り惜しい。私事になるが、私が以前勤務していた銀行の、もう四〇年も前になるが、同期入社の仲間は、女性、今日でいう一般職が約六〇人、男性、今日でいう総合職が約四〇人であった。この仲間で、いまでも三、四年おきに同期会を開いている。出席率は学校の同期会やクラス会よりもはるかにいい。これはいったい何なのであろうか。多くの大企業が役職員の同窓会を持っている。終身雇用制度のひとつの姿と言えようが、なぜこのような同窓会が存在するのか。これらは、戦後の日本社会の残影であって、まったくプライベイトな会は別として、やがて消え去る運命にあると言えよう。母体となる企業そのものが、M&Aを繰り返すうちに、その姿をとどめなくなるからである。

日本型経営の大きな特色のひとつとして、その企業社会組織がゲマインシャフト（共同社会）であることがあげられる。これは、非日本型経営の企業社会組織がゲゼルシャフト（利益社会）であることと対比される。それでは、なぜ日本型経営の場合、ゲマインシャフトなのか。それは、やはり、一つには終身雇用制度であり、一つには、そのことを前提として、経営者が従業員とともに同じ組織の一員として家族的関係で結ばれているからである。

それでは、日本型経営が消滅すると、その組織もゲマインシャフトからゲゼルシャフトに変貌するのか。私は、多少時間がかかるが、多分そうなるであろうと考えている。しかし、大切なことは、ゲゼルシャフトである職場の人間関係が、無味乾燥なものとは限らないことである。一個人対一個人としての関係を築くことは当然可能である。このことは、組織がゲゼルシャフトであることとは何ら矛盾しないはずである。そして、その一個人対一個人としての関係に、日本人らしい、あるいは東洋人らしいキメの細かさがあってもいいのではないか。そう心掛ければ、これまでの日本型経営の企業社会組織を上回る、さらに魅力的な企業社会組織が誕生すると思う。

しかし、何十万とある企業社会組織の平均的なところが、そもそも、今日ここに述べたようなゲマインシャフトであるという自信はない。ましてや、これからは右肩上がり経済ではなくなるのであるから、企業は存亡をかけて競争が激しくなる。効率性の追求はやまない。また、経営者と従業員は、本質的には労使の関係にあり、その従業員はいつ解雇されないとも限らないのだ。したがって、そこに一個人対一個人としての対等な人間関係を求めるのは無理な話かもしれない。もっとも、その経営者もまた株主からいつ解雇されるとも限らない時代が訪れようとしていることは、すでに述べたとおりである。それでも、私は、偽善ではなく、これからも真に人間性豊かな職場組織はつくられるものと考えたいが、自信はない。少なくとも、そのような職場組織がもとの姿になることは無理であろう。それだけに、個々人にとっては、私生活が大切になり、コミュニティ（地域社会）が大切になると思う。やはり、日本型経営がなくなるということは、ビジネスマンにとって、生活面から見ても、革命的な出来事である。

さらば日本型経営である。四〇年間、どっぷり日本型経営のよさに漬かってきた者としては、惜別の情を禁じえない。

第4章　メイン・バンクの命綱は絶たれた

なぜ日本にはメイン・バンクが存在したのか

周知のとおり、日本にはメイン・バンクが存在した。なぜか。それは、一言で言えば、これまでの日本の企業金融が間接金融中心であったからである。

それでは、なぜ間接金融であったのか。戦前の歴史は割愛しよう。一九四五年（昭和二〇年）、日本が敗戦の廃墟から再スタートしようとしたとき、日本は、まだ発展途上国で、資本の蓄積が不十分であった。それればかりか、それまでに蓄積されたわずかな資本も、太平洋戦争ですっかり消耗してしまっていた。したがって、各企業が、市場を通じて自由に資金を調達する直接金融を選択することは、とても無理な話だったのだ。

日本としては、間接金融中心の金融制度をつくるよりほかはなかった。少なくとも、戦後の復興期とそれに次ぐ高度成長期は、この間接金融が有効に機能したと評価できる。もし、問題があったとすれば、直接金融へ切り替えるのが少し遅れたことだ。これは、貸出しをおこなう金融機関が、古い間接金融制度にこだわったこと、借り手の企業も、この間接金融から抜けきれなかったこと、そして、直接金融を担う証券界が、まだ力不足であったことによるものである。さらに、こうした動きのなかに、行政の影が感じ取られる。

間接金融は、カネは金融機関が面倒をみてくれるという甘えの経営を許すものである。これに対し、直接金融は、当事者にとって真剣勝負である。経営にいささかなりとも油断があれば、市場からはじき飛ばされるからである。しかし、実は、一九七〇年代半ばからのわが国における直接金融への移行は、残念ながらこのような緊張感を伴わなかった。短期的な波動は別にして、長期的に見ると、成長が鈍化する中で資本が潤沢に蓄積され、資金の需給関係がゆるんでいたからである。一方で、今となっては、資金の出し手である機関投資家、資金の取り手である企業、さらには資金の仲介者である証券会社が、それぞれ直接金融の関係者として未成熟であったことも指摘できる。

もし、一九七〇年代半ばから直接金融の移行がもう少し早く、かつ、もう少し緊張感を伴っておこなわれていれば、日本型経営ももっと早い時期に姿を変えていたのではないかと思う。経営とは何かが厳しく問われ、取締役会の肥大化などもこれほどまでではなかったかもしれない。もっと早く、執行役員制度が誕生していた可能性もある。もっとも、これは、間接金融であることが日本の経営に甘えを許したということの唯一の理由ではない。一九七五年（昭和五〇年）、二次にわたる石油危機の前後は、戦後日本の大きな転機であった。しかし、国民にその意識が弱く、政治、経済、社会、文化あらゆる面で、日本は冗漫な時を過ごしてしまった。直接金融移行の緩慢さや緊張感を欠く経営も、こうした社会事象の一環であると思う。官僚が堕落し始めたのも、この頃からである。

さて、話を少し元へ戻そう。戦後のわが国の企業は、復興期から高度成長期へかけて旺盛な設備投資をおこなった。その主な資金は、もっぱら金融機関から調達した。まだ、株式市場が未成熟な時代で、いつでも株式市場から資金調達ができるという時代ではなかったからである。一方、金融機関は、日本銀行や大蔵省から重要産業向けに資金を貸し出すように指導を受けていた。企業の活発な資金需要に応じるためには、どうしても金融機関が自分で集めた預金資金だけでは不足することがある。このようなときは、日本銀行が、その金融機関に対して日銀貸出しをおこない、不足資金を補強した。すなわち、間接金融制度を利用して、官民あげて産業資金供給の努力が払われたのだ。

企業の側から見れば、金融機関が頼りである。しかし、一つの金融機関からだけでは、自らの資金需要をまかないきれない。そこで、複数の金融機関と取引きをする。そのようなときには、どこか中心になる金融機関を決めなければならない。これがメイン・バンクである。メイン・バンクは、協調融資を取りまとめたり、いざというときの金繰り支援をしてくれる。また、困ったときには経営相談にも乗ってくれる。しかし、企業にとっては少々煙たい存在でもある。時に経営に介入されるからである。もし、これに従わなければ、資金を引き揚げられるかもしれない。そうなれば、企業にとっては命綱を絶たれるようなものである。そこで、企業はメイン・バンクを大切にせざるをえなかった。

しかし、ふつうの企業にとっては、メイン・バンクはありがたい存在である。何と言っても、世の中全体が間接金融の時代であるからには、メイン・バンクに頼らなければ資金調達ができない。しかし、ひとたびメイン・バンクと信頼関係ができると、いざというときには、かなり無理をして支援してくれる。これが、わが国で、株式市場が伸びてきた一九七〇年代半ば以降も、企業のメイン・バンク離れがあまり進まなかった理由である。メイン・バンク離れすることに、いちまつの不安があったのだ。

息も絶え絶えのメイン・バンク

一九八〇年代後半に、日本で経済活動にバブル現象が発生した。日本のバブルは、地価や株価など資金価格の高騰といった形で表れた。バブル時代に、これは少し異常だなと感じた人は少なくなかったが、これを経済のバブル現象と認識し、やがてこれが崩壊し、今日のような状況にまでなることを予測した人は、ごく少数であったと思う。

一九九〇年に、バブルが崩壊して株価が下落を始めた。これを追いかけるように、一九九一年から九二年にかけて、地価が下落を始めた。資産価格の下落は、当然のことながら経済活動全体に大きな影響を及ぼす。しかし、なかでも衝撃を受けたのが金融機関である。後に、巨額の不良債権を抱えることになるからである。

自らの貸出し資産が不良債権化することは、自業自得と言えば自業自得と言える。自らの経営の問題である。しかし、これが金融全体ということになると、問題はそれほど簡単ではない。なぜならば、金融は、人体にたとえて言えば循環器系統のようなものだからである。ひとたび金融が機能不全に陥ると、その悪影響は経済活動全般に及ぶのだ。

わが国では、バブル崩壊に対する政策的な対応を誤ってしまったために、経済全体が大きなダメージを受けることになってしまった。バブル崩壊後、初めて実質的に景気対策が出動したのは一九九二年八月のことであるが、後になってみると、これが明らかに手遅れであった。この後、何度か対策の手が打たれるが、そのすべてが後追いとなり、かつ規模が小さ過ぎたために、景気は十分回復しないまま今日に至っている。

一九九〇年代、日本経済は資産デフレに陥ってしまったのだ。資産デフレとは、資産価格の下落と景気後退の悪循環である。すなわち、資産価格が下落する。そうすると、金融機関の経営が悪化し、いわゆる貸渋りに見られるような信用収縮が起きる。信用収縮が起きると、実体経済活動が停滞し、さらなる資産価格の下落が発生する。その結果、金融機関の経営が悪化する、という悪循環である。一九九〇年代にも小さな景気循環はあったが、巨視的に見れば、この九〇年代全体が資産デフレに陥っていた時代なのである。景気の局面としては、バブル崩壊不況とも言える。

この結果、金融機関は巨額の不良債権を抱えてしまった。その額は、全金融機関で一〇〇兆円を超え、総資産の一〇%を大きく上回るものである。金融機関が健全経営をおこなうために許容される不良債権の額は、その不良債権の定義にもよるが、せいぜい四、五%までで、これが全金融機関の平均値で一〇%を超えたということは、ほとんどの金融機関の経営がおかしくなってしまったことを意味している。

事実、この二、三年の間に、いくつかの日本を代表する大手銀行が経営破綻してしまった。そして、残りの大手銀行も、経営破綻しないまでも、資本力が著しく弱まり、公的資金の注入を受けている。これらの大手銀行は、バブル時代まで、すべてが国際業務をおこなっていた。しかし、その中で、多数の銀行が国際業務をおこなうためのＢＩＳ（国際決済銀行）による八%の自己資本比率を達成できず、あるいは、将来これを達成できる見通しが立たないために、国際業務から撤退してしまった。地方銀行以下の中堅・中小銀行からも、いくつもの経営破綻銀行が出ている。日本の銀行界は、現在、大手銀行も中堅・中小銀行も、大再編成が避けられない状況になっているのだ。

折悪しくも、わが国では日本版ビッグバンが進行中である。日本版ビッグバンは、すでに述べたように、東京市場をニューヨーク市場、ロンドン市場並みに活性化しようというものである。しかし、そのためには、金融業界全体の大胆な自由化を実施しなければならない。これは、これまで護送船団方式の行政になじんできた金融業界にとって、極めて厳しい条件である。多分、従来の護送船団方式であれば、いくつかの銀行はつぶれなくてもすんだであろうと言われている。しかし、日本は、二一世紀を展望すると、もはや日本版ビッグバンを避けて通るわけにはいかないのだ。むしろ遅すぎたことが問題なのである。一九七〇年代後半には手がけるべきであったのだ。しかし、そのタイミングを逸してしまったために、折悪しくもバブル崩壊不況に重なってしまったのである。あるいは、その頃に日本版ビッグバンに手をつけていれば、その後のバブル現象そのものが発生しなかったかもしれなかったのだ。

金融機関の力がここまで衰退することは、間接金融の終焉《しゅうえん》を意味する。もともと間接金融は一九七〇年代にその歴史的使命を終えていたのだ。しかし、日本全体の構造改革がおこなわれないまま、今日までに至ってしまった。そこに、今回のバブル崩壊の衝撃が重なったのだ。今度こそは、間違いなく、わが国の産業金融制度も間接金融から直接金融に移行する。少なくとも、証券市場上場クラスの大企業は、株式市場や債券市場から資金調達することになる。しかし、直接金融は、わが国にとって未知の世界である。そこには、いくつかの困難な問題が待ち構えている。

直接金融の恐ろしさ

直接金融に移行すると、メイン・バンクが消えてなくなる。これは、当然の理である。もっとも、金融機関がなくなるわけではない。金融機関の機能は多岐にわたる。「E」の時代を迎え、ホームバンキングに見られるように、その決済業務など業務態様は大きく変化するが、金融機能そのものがなくなるわけではない。ただ、一つの企業の資金繰りをまるまる面倒をみるメイン・バンクはなくなるのだ。

とは言え、金融機関も、日本版ビッグバンを消極的にばかり受け止めているわけではない。日本版ビッグバンの神髄は自由化にあるのであって、これまで銀行、証券、保険の間にあった業態間の垣根はかなり取り払われることになる。したがって、力のある銀行は、当然、直接金融の分野である証券業務に進出する。これまで、メイン・バンクとして付き合っていた企業に対し、今度は、その証券市場からの資金調達を支援する証券会社やインヴェストメント・バンクとして付き合おうとする。証券と金融との両刀使いであるから、力は強い。もっとも、この世界には、従来からの証券会社があり、彼らもまた両刀使いになるわけであるから競争は激しくなる。

大手企業の場合、これからは直接に市場から資金を調達することになる。もっとも、間接金融がまったくなくなるわけではない。市場から資金調達するまでのつなぎ資金、出入りの激しい運転資金、特別なプロジェクトの資金などは、これまでと同じように金融機関から調達することになる。しかし、主力資金は、あくまでも市場から調達する。なぜならば、その方が資金調達コストが有利であるからだ。株主のために、あくまでも利益を追求するのがこれからの企業の生き方である。

かつてのメイン・バンクが、企業の市場からの資金調達を支援するのは、あくまでも仲介である。自らの資金を貸出していたこれまでの関係とは本質的に異なる。したがって、企業がどのような条件で資金調達できるかは、もちろん資金調達のタイミングなどは仲介する証券会社のアドヴァイスで決まることもあるが、基本的にはその企業の実力が市場でどう評価されるかによって決まることになる。

したがって、企業は市場で自らの実力による真剣勝負をしなければならなくなる。そこには、格付け会社による極めて厳しい格付けが待っている。企業とメイン・バンクとの関係は、半永続的である。ふつうメイン・バンクは、企業の最もよき理解者であると言えよう。しかし、企業と幹事証券会社との関係は、必ずしも固定的ではない。また、企業が市場から資金を調達しようとするとき、幹事証券会社はよきアドヴァイザーではあるが、最終的にその企業を評価するのは、あくまでも市場である。これまで日本の産業界で中心的な存在であった重厚長大産業に属する企業が、市場で高い評価を受けるとは限らないのだ。

間接金融から直接金融へ移行すると、企業は大きく分けて三つのグループに分かれることが考えられる。すなわち、いつ、いかなるときでも、完全に自力で資金調達できる企業、証券会社に支えられ、市場の顔色を見ながらどうにか資金調達できる企業、とても市場からの資金調達はできそうにないので、これからもメイン・バンクにしがみつかざるをえない企業の三つのグループである。

第一のグループに属する企業は、エクセレント・カンパニーである。しかし、数はそう多くはない。かつての日本経済を支えた重厚長大産業に属する企業がエクセレント・カンパニーとは限らないことはすでに述べた。第三のグループに属する企業は、この不況下で決して少なくない。しかし、メイン・バンクも力が弱っている。メイン・バンクは、共倒れにならないように、このような企業を一生懸命振り払おうとしているのが実情である。したがって、少なくとも、このようなグループに属する企業の資金調達コストは、これまでよりはるかに高くなる。

直接金融の時代は、銀行のみならず、企業にとっても厳しい時代なのである。そこには、絶えず、市場原理が働くからである。

なお、直接金融時代と言っても、すべての企業が市場から資金調達をしなければならないわけではない。数のうえで圧倒的に多い非上場企業は、一部の元気のいいヴェンチュア企業は別として、これまでと同じような間接金融の世界に生きることになる。地域社会の金融機関は、このような企業を取引先としながら、健全経営を目指すことになる。

第5章　再び、なぜ執行役員制度か

これまでの経営体制では、この激変期を乗り切れない

日本経済は激変期を通過中である。これまでの経営体制では、企業はこの激変期を乗り切ることはできない。なぜならば、経営の体制が、「静」の経営の体制になっていて、「動」の経営を実現できる体制になっていないからである。

それでは、「静」の経営とはどういう経営なのか。「動」の経営とはどういう経営なのか。

「静」の経営とは、経営環境や経営資源に、毎日ほとんど変化のないときの経営である。島崎藤村の詩（千曲川旅情の歌）ではないが、「昨日またかくてありけり　今日もまたかくてありなむ」ということになる。もちろん、雨が降ったり、風が吹いたり、多少の変化はある。しかし、その変化は、過去に私たちが経験したことのある変化であり、その変化は読むことのできる変

化である。

一九四五年（昭和二〇年）からの戦後一〇年間は、日本企業は、新しい体制が生まれるまで、「動」の経営の体験をした。たとえば、あたかも日本に共産主義革命が起きかねないような時代背景の中で、激しい労働争議が日常茶飯事のごとく繰り返された。

しかし、一九五五年（昭和三〇年）を過ぎてからは、激しい労働争議がなくなったわけではないが、その労働争議も計算の内に入り、企業は「静」の経営の時代を迎える。途中、未経験の出来事と言えば、一九七三年（昭和四八年）に勃発した石油危機（オイル・ショック）ぐらいのものであろうか。輸出依存の製造業にとっては、一九七一年のニクソン大統領によるドル防衛策発表（ニクソン・ショック）や、一九八五年のプラザ合意も経営をゆるがす未経験の出来事であったと言えるかもしれない。しかし、これらも、その根底から経営をゆるがすものではなかった。こうした時代が、一九九〇年代半ば、私たちが「時代が変わった」と気づくまで続いた。

したがって、日本のビジネスマンは、一九五五年からほぼ四〇年間、「静」の経営の時代にどっぷり漬かっていたことになる。人間は、同じ体制の中に半世紀近くも漬かってしまうと、日常の思考も行動もすっかりその体制のものになり、体制自体を疑わなくなってしまうものだ。半世紀以上も社会主義経済に慣れ親しんだ旧東側世界の人びとが、簡単には市場経済に移行できないのもそのためである。夕方五時になると、まだ売る物が残っており、市民が行列をつくっているのに店を閉めてしまう。上の人から命令されない限り仕事はしない。そのかわり、行列には慣れていて、前の人との間隔がわずか一五センチの所で、何時間でもじっと待っている。これが旧東側世界の人びとの行動様式である。私たちも、四〇年間といえば、ほとんどのビジネスマンは世代交代をしている。したがって、現役世代の大半のビジネスマンには、「静」の経営に対する慣れがＤＮＡ（遺伝子の本体）の中に埋め込まれてしまっているのだ。

この間、技術進歩がまったくなかったわけではない。鉄鋼も、自動車も、製造工程や製品には驚くほどの技術進歩があった。コンピュータが産業社会で本格的に実用化されたのは、一九七〇年代に入ってからである。しかし、この程度の技術進歩は、変化としては、工業社会からポスト工業社会にシフトするパラダイムの変化と比較すると、ケタが違うほど小さい変化にしかすぎない。

株式持合いは、足元でこそ比率が急速に減少しているが、一九五五年、もはや戦後ではないと言われてから四〇年間、間違いなく日本の企業経営を支配していたのだ。株主は、モノを言わない株主であった。この間、経営を監視していたのはメイン・バンクであり、労働組合である。しかし、そのメイン・バンクも、後半は、金融機関の間の競争が激しくなり、貸出し先の企業に対してモノを言わない銀行になってしまった。労働組合はもっと弱体化してしまった。

共産主義や社会主義に凝り固まった本格的な労働組合は、やがて教条主義に陥り、発言力を弱めていった。また、経営側の御用組合は、初めからそれ以上のものではなかった。

こういう経営環境の中で、こういう経営資源のもとで、企業経営はただひたすらに企業組織を守るためにおこなわれてきた。なぜならば、多数の同期生の中から選ばれた者が取締役となり、社長となっているからだ。経営者から従業員まで同質な社会なのである。このような社会においては、前例が重んじられ、故事来歴が問われる。このようにして、「昨日またかくてありけり　今日もまたかくてありなむ」ということになる。これが「静」の経営である。

それでは、「動」の経営とはどういう経営なのか。「動」の経営とは、「静」の経営とは一八〇度反対側に立つ経営である。最も異なる点は、今日が昨日と、明日が今日と同じではないという前提に立つ経営である。経営環境も、経営資源も毎日変化する。一年もたてば、製品も、製法も、販売方法も大きく変化している、そういう経営活動を実現する経営が「動」の経営である。

「動」の経営が求められる時代

これからは、「動」の経営でなければならない。なぜならば、日本経済が激変期を通過中であるからである。今の時代は、日本経済、すなわち企業にとっての経営環境や経営資源が大きく変わるのだ。しかも、その変わるという状態が、これから何年続くか、わからない。なぜならば、その新しい経済や産業、あるいはそれを支える社会的基盤が私たちにとって未知の世界だからである。

すでに述べたように、日本経済は工業社会の時代からポスト工業社会の時代、すなわち「E」の時代へパラダイム・シフトしようとしているのだ。それは単なる変化ではない。パラダイムのシフトなのだ。本書の中で、私は、日本経済の工業社会からポスト工業社会への移行をパラダイム・シフトと認識し、そう表現している。パラダイムとは、元来は文法用語で、範列と訳される。トーマス・クーンがその著書『科学革命の構造』で用いてから、「同時代に共通して用いられている思想の枠組み」という意味で使われるようになった。本書では、私は、パラダイムを、「経済活動の基礎的枠組み」という意味に用い、工業社会からポスト工業社会への移行は、その基礎的枠組みが根幹から変化するものであるとの認識に立っている。イギリスの産業革命に始まった工業社会の時代は、今、次の経済の発展段階、ポスト工業社会の時代に移行しようとしているのだ。そこに現れる変化は、農業中心の社会から工業中心の社会への変化に匹敵する、歴史を画する変化である。すなわち、情報産業、知識産業中心の社会が出現する。

工業社会は、農業社会に比較すればはるかに動的である。社会が流動化し、人が移動するようになり、新しい工業製品が誕生するようになったからである。しかし、これから迎えようとしているポスト工業社会に比較すれば、まだ静的である。何と言っても工業社会を特色づけたのは、大量生産、大量消費である。人びとは村から町へ移動はしたが、町に住んでも画一的に大量生産された工業製品に価値を見出すという意味においては、自分と他人の差はなく、そういう社会は静的である。商品の寿命も長い。しかしながら、ポスト工業社会の主力商品は、電子情報である。電子情報は、情報産業や知識産業で生産される。電子情報は一瞬のうちに世界を駆けめぐる。しかも商品の寿命も短い。そして、人びとの価値観は多様化し、分散する。これを経済活動の視点から見ると、工業社会よりは、はるかに動的である。

このような現象は、すでに工業社会時代の終盤に現れている。今日、自動車のデザインはコンピュータで作成されるので、それは私の言う電子情報である。今、その乗用車のデザインの寿命は極めて短い。パソコンは、半年に一度ずつヴァージョン・アップを重ねてきた。これは、集積回路の製造技術の進歩にもよるが、同時に、新しいシステム開発によるものでもある。モノを伴わない純粋な電子情報商品になれば、商品寿命はもっと短い。為替ディーラーは、毎日の取引きで、目の前に置いてある画面に表れるA通信社の情報とB通信社の情報のどちらが何秒早いかを問題にしている。彼らは、その情報を使って瞬間的に為替を売買することによって生計を立てているのだ。まだ、為替ディーラーの仕事が経済活動の中心ではないので、日本はポスト工業社会とは呼ばない。しかし、やがて日本にもポスト工業社会が訪れようとしているのだ。

ある日、突然、人類が電子情報を捨てて自然に帰る日が来るかもしれない。かつて日本人が大切にした侘《わび》や寂《さび》に無上の価値を見出す日が来るかもしれない。しかし、来ないかもしれない。その日が来るまでは、「E」の時代が続くのだ。それは、経済活動という視点から見て、極めて変化の速い時代である。

したがって、経営も「動」の経営でなければならない。

しかし、これに対しては、反論があるかもしれない。たとえ日本経済がどうであろうと、社会がどうであろうと、わが社は、多少収益は少なくとも、もっと従業員の人間性を重んじ、ゆとりを持った経営を続けていきたい、と。オーナー経営者であれば、それは自由である。しかし、もしそのわが社が上場企業であり、あるいは非上場であっても上場企業の連結対象企業であれば、そのような自由は許されない。なぜならば、その企業は、わが社ではなく、株主の会社だからである。そして、そのような企業は、絶えず株主の利益が極大化するような経営をおこなわなければならないのだ。

企業(株式会社)は、株主のものである。上場企業は、株式市場という場で、広く不特定多数の出資者から資本を集めているのだ。したがって、企業は、一にも二にも株主の利益のために、すなわち株主の利益を極大化するように経営されなければならないのだ。これは、万国共通のルールである。もし、日本に別の考え方があるとしても、このルールに、その日本の考え方が入る余地はまったくない。そうは言っても、ここは日本ではないか、と言われるかもしれない。しかし、日本が資本主義国であろうとするかぎりは、このことに関しては国境はないのだ。日本は、日本版ビッグバンに踏み切った。これからは、外国人投資家が日本の株式市場にどんどん進出してくるであろう。そして、彼らは、腕ずくでもこの万国共通のルールを通用させようとするに違いない。もし、そうでなければ、彼らは日本の株式市場からさっさと去っていく。そして、そのとき、日本の株価は暴落する。

さて、それではどうするか。この日本経済の激変期に、この「E」の時代という動きの激しい時代を迎えようとしているときに、どのようにして株主利益を最大にするような経営をおこなうのか。それに対する答えは、「動」の経営しかない。

それでは、「動」の経営とはどういう経営なのか。それは、経営環境や経営資源が絶えず変化することを前提に、これに応じて絶えず具体的な経営行動、すなわち業務執行を変化させていく経営である。今日は昨日とは違うのだ、明日もまた今日とは違うのだということが毎日の業務執行の中にきちんとビルトインされている経営を実現する、それが「動」の経営である。

それでは、そのような「動」の経営を実現する仕掛けはどうしたらいいのか。それが執行役員制度である、と私は考える。

期待される執行役員像

執行役員は、役員であるのか、そして経営者であるのか。執行役員は、りっぱに役員であり、経営者である。それでは、これまで取締役であった経営者が取締役と非取締役の執行役員とに分けられたが、非取締役の執行役員は取締役に劣後する経営者か。何を物差しとするかであるが、経営に対する役割の重要度からいって、非取締役の執行役員が取締役に劣後する経営者であるわけではない。以下、順を追って考えてみよう。

執行役員は役員であるのか、否か。法律上、会社役員に対する限定的な定義があるわけではないので、それは、実社会でどう考えられるかの問題にすぎない。少なくとも、呼称の中に役員とあるからには、名目上役員であることは間違いない。要は、それに実態が伴うかどうかであるが、それは役員の定義の仕方にもよる。広辞苑によれば、役員とは、「①或る役に当る人。一定の役を担当する人」であり、「②会社などの幹部・重役」である。重役とは、取締役と監査役を総称した言葉で、戦後「三等重役」が流行語となったように、昔はよく用いられていた。しかし、十数年前まで、ある伝統のある企業で重役という呼称が用いられていたのを私は知っているが、最近ではほとんど死語になったのではないかと思う。少なくとも、執行役員は重役ではない。しかし、その担っている業務から言って、幹部であることは否定できないだろう。したがって、執行役員は名実ともに企業の役員である。ちなみに、アメリカのオフィサーが日本語で役員と訳されていることは、第一部第1章で述べた通りである。ただし、アメリカのオフィサーが、本章で論じる執行役員より少し広い概念であることもすでに述べた。しかし、私は、執行役員に入らないオフィサーまでを、日本語で企業の役員と呼ぶことには賛成できない。そこで、ここでは、企業の役員とは、取締役、監査役および執行役員を指すと定義して、話を先へ進めることにする。

再び、なぜ執行役員制度か

そこで、次に、執行役員はなぜ経営者であるのか。これも言葉の定義の問題にすぎないが、私は、企業の場合、役員と経営者をほとんど同義語に考えている。執行役員は、経営者の一部である。企業のある業務執行の責任を担っているのであるから、当然に経営者であると考える。ただし、後述するように、非取締役の執行役員は、取締役という法律上の枠がはずれたので、これまでの取締役がそうであった以上に乱造されるおそれが皆無とは言えない。そのような執行役員は、本書で論じている執行役員には含めたくないのが私の本心である。しかし、執行役員という呼称を用いる以上は、残念ながらソニーの執行役員と区別できないのが現実であろう。執行役員は、このように法律上の定義があるわけではないが、その存在について、すでに短期間のうちに社会的通念が固まっており、デファクト・スタンダードになりつつあるのであるから、この枠をはみ出すような執行役員を乱造する企業が登場することは困った問題である。少なくとも、そのような企業は三流以下の企業である。

さて、それでは、非取締役の執行役員は、経営者として取締役に劣後するのか。俗に言って、取締役は非取締役の執行役員より偉いのか。これは、一般論としてはそのようなことはない。取締役、この中には取締役兼務の執行役員を含むが、この取締役と非取締役の執行役員との差は経営の役割分担の差にすぎない。しかし、そうは言っても、非取締役の執行役員がもっぱら経営上の業務執行を分担し、その責任者にすぎないのに対して、執行役員兼務を含む取締役で構成される取締役会は、経営指針や経営計画を策定し、これに沿って業務執行を執行役員に委ね、その執務を監視する立場にあるではないか、との反論が出るであろう。しかし、そのような考え方に対しては、監査役は取締役が法令や定款に違反することをしていないか監視しているが、それでは監査役と取締役とどちらが偉いのかと反問すれば、答えに窮するに違いない。

しかし、ここが重要なところであるが、取締役で構成される取締役会と執行役員との間に役割分担があると言っても、経営上、両者の関係は有機的なものである。したがって、両者の間には接点が必要である。また、企業全体の業務執行を円滑におこなうためには、それがピラミッド型であるにせよ、限りなくフラット型であるにせよ、業務執行権限の上位者から下位者への委譲のためのヒエラルヒー（階層組織）が形成される。そして、このために、上席の業務執行役員が取締役を兼務することになる。その場合は、上席の執行役員と一般の非取締役の執行役員との間には、業務執行について上下関係が生じることになる。

さらに、取締役は、商法上の存在で、直接株主に対して責任を負っている。しかし、わが国の執行役員は、まだ誕生したばかりで、法律上の存在ではない。したがって、法律家の通説によれば、株主に対して直接責任を負うことはなく、そのため、株主代表訴訟の対象にもならない。

これが執行役員の位置づけである。社内に新しく執行役員制度が誕生し、取締役から非取締役の執行役員に移行した人にも、ここに述べたことは理解してもらえると思う。

さて、それでは執行役員には何が期待されるのか。期待される執行役員像はどういうものであるのか。私は、執行役員は現場の責任者であると考える。企業経営にとって最も重要な場は現場である。その現場は、生産であり、販売であり、財務であり、といったように業務で分類された現場かもしれず、家電であり、コンピュータであり、重電機であり、といったように製品で分類された現場かもしれず、また、関西地区であり、北海道地区であり、九州地区である、といったように地域で分類された現場かもしれない。その現場で、執行役員は、与えられた権限の範囲内ではあるが、自由に業務執行することを任されているのだ。企業経営にとって、なぜ現場が重要か。それは現場情報があるからである。戦後五〇年余り、規制の厳しい時代は、情報の発信源は官であり、業界団体であった。したがって、このような時代には、企業経営にとって重要な情報は中央にあったのだ。しかし、時代は大きく変わりつつある。執行役員の最大の強みは、現場を知っていることであり、現場情報を握っていることである。

執行役員が業務執行を円滑におこない、そのことを通じて、株主利益を極大化することに貢献することが期待されていることは言うまでもない。同時に、執行役員は、現場情報を適時的確にボード（取締役会）に伝達することが求められているのだ。その報告内容に、いささかなりとも業務執行内容の弁解や歪曲があってはならないのだ。なぜならば、現場情報は、これからの企業にとって命綱であるからだ。このように見てくると、期待される執行役員像が自ら浮かびあがってくるであろう。

執行役員制度ができれば取締役も変わる

日本経済は激変期にさしかかった。これまでの経営では、企業はこの激変期を乗り切ることはできない。経営環境も経営資源も時々刻々と変化する。そのなかで、株主利益を極大化するような経営の舵取りをすることは、あたかも大木の筏《いかだ》を何組も連ねて長江（揚子江）の急流を下るようなものである。舵取りは、敏速で大胆でなければならない。そのためには、日々変化する現場情報を正確に把握することが重要になる。しかし、同時に、大きな流れの方向を見誤ってはならないのだ。

なぜ執行役員制度か。それは、単に取締役の数が増えすぎたからではない。その取締役の数を減らすためだけではない。この激変期に、「動」の経営ができるような経営体制を築きあげていくことこそが、その目的である。そのためには、経営者一人ひとりの役割分担を明らかにし、その責任を明らかにしなければならない。そうすることによって、経営者全員の意識改革をおこない、その能力を一〇〇％引き出さなければならないのだ。

これまでの肥大化した取締役会では、このような改革は無理である。取締役が、経営者としてその役割分担があいまいであり、それだけに、その責任の自覚に欠けるからである。また、取締役会で、経営戦略を立案し、経営指針を策定することもできなくなってしまった。そのために、常務会や経営会議という名の会議体がこれを代行するようになったが、そこには、現場で時々刻々と変化する情報を吸い上げる仕掛けは十分にはつくられていない。一部の役員を除き、常務会や経営会議においてすら参加者に十分な現場情報が伝えられないまま、机上の経営指針や経営計画が策定されていった。そして、株主に対して直接責任を負うはずの取締役会は、ますます形骸化していってしまったのだ。

もっとも、これまでの日本社会では、金融機関ならずとも、多くの企業が護送船団方式の行政に保護され、持合い株式に支えられていたのだが、彼らの日本型経営は、それでも持ちこたえていたのである。しかし、さすがにここ数年、その問題点が露呈してきた。経営機能不全の企業がいくつも表面化してきてしまったのだ。執行役員制度導入の背景には、このような事情があることを十分理解しておかなければならない。

執行役員制度の導入は、役員、とくに非取締役の執行役員の役割分担と責任を明確にするものであることはすでに述べたとおりである。しかし、この制度の導入は、改めて取締役と取締役会の役割や責任を問うものでもあるのだ。彼らは、株主から、株主の利益を極大化することを付託されているのである。彼らは、そのために経営戦略を練り、これに沿って経営指針を策定し、それに基づいて業務執行をおこなうことを執行役員に権限委譲し、自らはその業務執行を監視するのである。

執行役員制度を導入するに当たっては、この全体の関係を十分理解し、意識しておく必要があるであろう。そうでなければ、真の経営改革はおこなわれず、ただ執行役員を乱造するに終わり、執行役員制度は失敗するであろう。しかし、そのことに気づくのは、経営が危機に直面したときである。

第三部　執行役員対取締役

第1章　経営を動かす執行役員

「拝啓奥様」の間違い

ソニーが執行役員制度を採用してからまだ二年半しかたたないが、執行役員という制度も呼称も、もうすっかりデファクト・スタンダードとして固まってしまった。この二年半の間に、ソニーばかりではなく、三菱化学、日立、東芝や住友銀行、オリックスなどが導入したことによって、この制度は、もう日本の経済社会で不動の地位を確立したと言える。

しかし、ソニーが初めてこの制度を採用するときは、その呼称を含めて、さぞかし勇気のいることであったと思う。もし社会的同意が得られなければ、ソニーだけがおかしな役員制度をつくってしまったということになるからだ。さらに困難な問題が、社内的な理解を得ることである。なかでも、せっかくなった取締役の肩書きをはずされる当事者にとっては、重大問題である。いかに彼らや、彼らに続く後輩たちの士気を落とさずにこの制度を導入するかは、大きな課題であったに違いない。

そこで考え出されたのが、会長から、執行役員になる人の夫人宛に出された挨拶状である。新聞報道によれば、この制度を導入するに当たり、ソニーでは、大賀典雄会長から執行役員候補夫人宛てに、待遇も地位も変わらないので心配しないように、という手紙が差し出されたという。この記事を読んだときに、私は極めて大胆な制度を採用しようとしている企業のあまりにも日本的な心遣いに、一瞬本当だろうかと思った。しかし、それは事実であったのだ。

同社経営業務室室長西村茂氏は、「会長の大賀が発案して、本人ではなくて奥様。多分奥様が一番こういうことに関しては気にするだろうし、奥様がもしネガティブなことを本人に言った場合に、そのご本人の方までが意思がぐらついてくるということもあるのではないかというので、手紙を書いたようです」(『取締役の法務』一九九九年二月号)と言っている。

実に、心憎いばかりの気配りである。しかし、経営のトップがこのぐらいの気働きを求められるのは当然かもしれない。私は、これを日本的配慮と評価したが、ソニーという世界的企業の会長の発案であるとすれば、もしかすると、役職員の配偶者や家族に対するこのような気配りは、それ自体がグローバル・スタンダードなのかもしれないと考えるようになった。ただし、この手紙が、「拝啓奥様」の文言で始まっていたかどうかは知らないが、もしその内容が、これまでと待遇も地位も変わらないというところに力点があるとすれば、それは間違いなのである。

私は、ソニーでこの手紙が出されたことをマイナスに評価しようというのではない。ウソも方便ということがある。どこの企業も思いつかなかった執行役員制度を日本で初めて導入するに当たっては、この手紙はどうしても必要だったのだ。その後、ソニーに追随して多数の企業が執行役員制度を導入するに当たり、会長や社長が「拝啓奥様」という手紙を出したかどうかは知らない。しかし、私の見聞きしたところでは、この制度を導入する取締役会で、多くの企業の会長や社長が、取締役から非取締役執行役員に移行する人たちに対して、これまでと待遇や地位は変わらないのだからと説得したのは事実である。

しかし、それは間違いである。待遇は、当座は変わらないかもしれないが、二、三年も経って、経営環境が変わってくれば、変わってくるのが当然であろう。取締役と執行役員の待遇が同じであるというのは、そもそもおかしな話である。なぜならば、取締役と執行役員では、地位が違うからである。地位を、仕事と資格に分解すると、取締役が執行役員に変わることにより、仕事も資格も当然に変わるのだ。まず、これまでの取締役や取締役会がいくら形骸化していたとはいえ、商法上の取締役である以上は、やはり取締役としての仕事はあったはずである。これがなくなれば、仕事は変わらない、とは言えないはずだ。また、資格についても、商法上の取締役と上級使用人と言うべき執行役員とでは、法律的にも社会的にもまったく異なるとするのが素直な考え方である。

むしろ、せっかく執行役員制度を導入して、その執行役員が、これまでの取締役と何ら変わらないのであれば、その方がはるかに困る問題である。これからの日本企業は、「動」の経営でなければ生き残ることができない。この「動」の経営を実現するためにこそ執行役員制度を導入するのである。執行役員制度を導入することによって、形骸化しかかっていた取締役会が機能するようになる。実は、このこともそう簡単なことではない。しかし、より大きな問題は、執行役員によって、経営活動が活性化されないことである。執行役員制度によって、業務執行という経営機能が純化され、活性化されることが重要なのであって、このことがなければ、執行役員制度の導入の経営的意義はほとんどなくなるのではないかと思う。

取締役と執行役員で役割分担

白色の絵の具と赤色の絵の具を混ぜると、桃色になる。今の日本の取締役会は桃色の状態にある。しかし、これから強力な経営機能を発揮していくためには、今の取締役会の機能を分化して、白色、すなわち経営戦略立案や経営指針の策定、業務執行の監視と、赤色、すなわち業務執行そのものとを分けたほうがいいのではないかということで、執行役員制度が導入された。

これまでの桃色を、白色と赤色に分けようというのである。したがって、これからの取締役や取締役会（白色）は、これまでの取締役や取締役会（桃色）とは明らかに異なっているのであり、一方、新しく誕生した執行役員（赤色）も、これまでの取締役（桃色）とは明らかに異なる存在なのである。執行役員制度の説明の仕方はいろいろあると思うが、このぐらい旗幟鮮明にしておいた方が、私はその存在意義が正しく理解されるのではないかと思う。

そもそも経営とは何かということは、言葉の説明としても必ずしも容易ではない。ここでは株式会社の経営ということで考えてみよう。株式会社の経営とは、利益をあげるために、継続的、計画的に事業をおこなうことと定義することができる。株式会社にあっては、一般的に言って、その企業の所有と経営は分離されている。すなわち経営とは、所有に対するもう一つの概念である。経営者は、利益をあげるために経営活動をおこなうのであるが、その利益は誰のためのものかと言えば、株式会社の所有者、すなわち、株主のためのものである。つまらない理屈をこねていると思われるかもしれないが、これからの株式会社経営を考えるに当たって、一つの重要なポイントである。すなわち、企業統治、コーポレート・ガヴァナンスの問題である。

さて、経営とは、利益をあげるための事業活動であるが、その事業活動は、仕入れ、生産、販売というように、より細かく分割することができる。あるいは、A製品、B製品、C製品、

D製品というような分割方法もありうるし、東地区、中地区、西地区といった分割方法もありうるであろう。さらに、販売という事業活動をもっと細かく分割していくと、最後は、たとえばスーパー・マーケットのレジの横で働いているパートタイマーにまで行きつく。レジで、客に商品を渡し、代金を受け取るのも事業活動の一環であり、それも経営の一環であるということになる。

ここに述べたのは、経営の中でも業務執行に関係するものである。しかし、何のためにこのようなことをするのかと言えば、それは利益をあげるためであり、その利益はどのくらい必要かと言えば、株主にとっては、可能なかぎり大きい利益が必要である。したがって、そのためには、事業活動は継続的であり、計画的でなければならない。事業活動を継続的、計画的におこなうためには、経営戦略が必要であり、この経営戦略を業務執行によって具現化するためには、経営戦略に基づいた経営指針や経営計画が必要になる。

ここからは、話が循環するが、最初に述べた仕入れ、生産、販売といった事業活動は、ここで言う経営戦略を具現化する業務執行としておこなわれるのである。それでは、なぜそのような業務執行が一般従業員やパートタイマーにまでおこなえるのかと言えば、それは策定された経営指針や経営計画に沿って、業務執行の権限が委譲されているからである。したがって、その業務執行が委譲された権限に基づいて適切におこなわれているか否かは、権限を委譲した側から常時監視されていなければならない。

ここまでは、業務執行権限を誰が委譲するのか、その主語を欠いたまま説明を続けてきた。そもそも企業経営の根幹を誰が握っているのか。それは、わが国においては取締役会である。このことは、先述の商法第二六〇条一項、「取締役会ハ会社ノ業務執行ヲ決シ取締役ノ職務ノ執行ヲ監督ス」から明らかである。同時に、わが国の商法は、代表取締役に業務執行権限を委譲している。実は、アメリカでも、業務執行に関する企業としての意思決定と役員のおこなう業務執行を監視する権限はボード（取締役会）が握っている。

しかし、日本とアメリカの決定的な違いは、アメリカでは、法制度上のオフィサー制度があり、業務執行権限はオフィサーに委譲されるのに対して、日本では、このような法制度を欠いていることである。これまでは、この業務執行権限は代表取締役が握り、その権限が、使用人兼務の取締役や取締役でない使用人に委譲されることによって経営がおこなわれてきた。この場合、使用人兼務の取締役は、取締役会が形骸化しているだけに、その地位は極めてあいまいであった。しかし、執行役員制度は、業務執行権限を委譲された執行役員の地位を明らかにするものである。仮に、取締役兼執行役員である場合は、これまでのあいまいな取締役ではなく、ボード・メンバーである取締役と執行役員との一人二役を演じることになったのだ。彼は白色の上着と赤色の上着と二着持っていて、取締役会に出席するときは白色の上着を、執行役員として行動するときは赤色の上着を着用することになる。言うまでもないが、取締役から非取締役の執行役員になった人は、ボード・メンバーからはずれ、エグゼクティヴ・オフィサー（執行役員）になったことは明らかである。いつも赤色の上着を着ているのだ。

さて、業務執行は経営活動の一環であると述べた。それでは、先に例にあげたスーパー・マーケットのレジの横でパートタイマーのおこなっている仕事は、経営の一環なのか。これもまた言葉の定義の問題になる。広い意味では、このパートタイマーの仕事も経営の概念のなかに含まれる事業活動の一環と言える。しかし、所有と対比した経営、あるいは取締役から委譲された業務執行権限の行使としての狭い意味の経営のなかには、このパートタイマーの仕事は含まれない。なぜならば、ここで説明しようとしている経営は、それが権限委譲されたものであれ、それ自体高度の経営判断を伴うものだからである。

パートタイマーの仕事のような、単純反復作業はこれにはそぐわない。それでは、どこまでが経営の概念の範囲に入る事業活動なのか。これには、明確な定義はない。逆説的な言い方になるが、執行役員制度を導入している企業が、執行役員に権限委譲した業務執行までを経営としておこう。したがって、それは各企業の主観的判断で決まるものであるが、経営とは本来そういうものである。このことは、大企業と中小企業とで、一口に経営と言っても、その内容がかなり異なることからもわかるであろう。やがて執行役員制度がわが国でも正式な法制度になり、例えば執行役員も株主代表訴訟の対象になるようになれば、私がここで定義に用いようとしている考え方が明瞭になってくると思う。

執行役員なしでは経営が回らない

これまで述べてきたことから明らかなように、私は、経営とは、執行役員制度を導入している企業にあっては、取締役、監査役および執行役員を経営者とし、経営者がその企業のためにおこなう本来の業務活動を指すと定義したい。すなわち、もっぱら監査することを自らの業務とする監査役を別にすれば、経営は、取締役と執行役員がそれぞれ役割分担するものである。

この考え方に対しては、執行役員は、あくまでも取締役会から権限委譲された業務を、彼らの監視のもとで執行しているにすぎない。したがって、それはとても経営者と呼べるものではない、という反論があるかもしれない。しかし、これは大きな誤解である。すでに述べたように業務執行という具体的な行動がなければ、経営は成り立たないのだ。ヴェンチュア企業の創業者は、自ら汗を流しながら商品を開発し、買い手を探し、資金を集めている。経営戦略を練り、経営計画を策定する余裕などはとてもない。それでは、彼らのおこなっている仕事は経営ではないのか。そんなことはない。それは経営そのものなのだ。

CEO、いわゆるチーフ・エグゼクティヴ・オフィサーは、日本語では最高経営責任者と訳される。彼は、その英文名に示されているとおり、執行役員のトップである。それでは、彼のおこなっていることは経営ではないのか。そんなことはない。後にも触れたいと思うが、経営上CEOの存在ほど重要なものはないのであって、彼の仕事の内容は経営の凝縮されたものそのものである。それは、彼が執行役員としておこなっているものではなく、ボード・メンバーの主要な一員としておこなっているものではないのか。そんなことはない。CEOがボード・メンバー（取締役）でなければならないという規程はどこにもない。

たしかに、CEOやCOOは執行役員であり、間違いなく経営者である。しかし、その彼らと、何十人もいる執行役員の下位の者とでは明らかな違いがある。同じ執行役員と言っても、どこかで一線を画されていて、そこから下は経営者とは呼ばないのではないか。この指摘に対しては、それではどこで一線を画するのかと反問したい。たしかに、執行役員が法制度上の存在でないだけに、第二部第5章でも危惧《きぐ》したように、企業によっては経営者と呼ぶに値しない者までを執行役員にしてしまうかもしれない。しかし、それは、その企業がおそまつなだけの話であって、その彼を経営者の定義からはずすわけにはいかないのだ。

はっきりしていることは、執行役員なしでは経営が回らないということである。

取締役をはずれて執行役員に回った立場の者から考えると、これまでの取締役会は人数が多過ぎて形骸化していたと言うが、やはりこの企業の経営を仕切っていたのは、あの取締役会のメンバーではなかったのかとの思いが残る。それは、そのとおりなのだ。赤色と白色が混ざって桃色になっていたのが、赤色と白色に分けられただけなのだ。もともと、それが桃色に薄められていたせよ、赤色なしで経営をおこなっていけるとは、誰も考えていない。それればかりか、まず赤色がなければ経営は回らないのだ。

経営戦略の立案、それに基づく経営指針や経営計画の策定と業務執行と言えば、両者の間は画然と分かれているような錯覚を起こす。しかし、その考え方が間違っていることは、実務に携わったことのある人ならば、誰でも知っていることである。この両者の間に一線を画するなどということは、永遠にできないことである。両者の境界では、絶えず縄張り争いがあるものだ。

それではどうするのか。取締役会が、その強力な権限で執行役員を抑え込むのか。そうではない。業務執行者に大幅に権限委譲するしかない。本書で扱っているテーマに即して言えば、経営戦略の立案とそれに基づく経営指針の策定という取締役会の権限は、せいぜい経営の大きな舵取りを示す程度にとどめ、それから先は、執行役員に大幅な権限委譲するほかないのである。

しかも、これからは「動」の経営が求められる。経営環境は時々刻々と変わっていく。規制の厳しかった時代は、重要な経営情報は官庁や常時官庁と接している業界団体が握っていた。

したがって、官庁や業界団体からいかに早くその情報を入手するかが大きな経営課題であって、それは本部の企画部門の役割であった。しかし、これからは現場情報が経営の意思決定の決め手となる。ユーザーは何を望んでいるか、何が売れ筋商品か、他社はどう動いているか、これらはすべて現場情報である。

現場情報をキャッチした場合、後どう動くかは時間との勝負である。とても一つひとつ取締役会の判断を仰ぐ余裕などはないはずである。したがって、その対応は大部分が執行役員の段階で決められる。ただし、執行役員の中では権限のヒエラルヒーが築かれている。したがって、すべてが現場に最も近い執行役員の段階で決裁できるとは限らないだろう。しかし、少なくとも日々の業務執行に関しては、現場に近い執行役員ほど圧倒的な力を持っているのである。なぜならば、彼は時々刻々変化する経営環境に即刻対応できる立場に立っているはずであるからだ。したがって、これからの「動」の経営を実現できるのは執行役員である。執行役員が企業経営の成否のカギを握っていると言っても過言ではない。

第2章　株主は取締役に何を求めるか

株主は取締役しか相手にしない

株式会社は、株主の利益を極大化するための事業組織体である。コーポレート・ガヴァナンスの原点はここにある。

もとより、企業は、社会にあって、コーポレート・シティズンと呼ばれる一市民である。営利の組織体である前に、まず一市民として、法令や社会規範に従うことを求められるのは言うまでもない。近年コムプライアンス（法令遵守《じゅんしゅ》）がことさらのごとく強調されるが、企業も一市民である以上は、法令や社会規範を守るのは当然のことである。いわゆる企業倫理として求められるものの多くのことが、この範疇に入る。

これらのことは、コーポレート・ガヴァナンス以前の当然の前提である。そのうえに立って、企業は、株主のために利益を追求するのだ。それでは、企業が市民であるならば、その企業は社会的貢献を求められるが、この社会的貢献が株主のための利益の追求と衝突するときは、どちらを優先するのか。コミュニティ（地域社会）の祭りでドネイション（寄付）を求められたが、どう対応したらいいのか。政府から雇用の拡大を求められるとリストラが進められなくなるが、どうすればいいのか。

この問いに対する一律的な答えはない。個人に人格や性格があるように、法人（企業）にも人格や性格があるのだ。また、そのときどきに応じて、各人、各企業さまざまな事情があるものである。各人、各企業の信念と考えに基づいて行動すればいいだけの話ではないか。成長企業の経営者であれば、「雇用確保が問題になっているときに、雇用調整をするのは経営者として失格である」と格好のいいことも言えるが、経営危機に直面している企業経営者が同じことを言えば、それはコーポレート・ガヴァナンスに反し、文字どおり経営者としては失格ということになる。

企業行動の積み重ねは、その企業の人格となって表に現れる。人びとに好感を持たれる企業の風格やイメージは、巡り巡ってその企業にいい結果をもたらすことがあるかもしれない。企業行動の中には、そこまで読み込んで演技としておこなわれるものもあるであろう。しかし、その是非を一般論で論じることはできない。評価は社会がおこなうのだ。この問題は、あくまでも個別企業の個別問題である。

さて、このような認識に立って、話を先に進めよう。株式会社は、株主の利益を極大化するための事業組織体である。その株主とは、大半が、私たち国民である。なぜならば、私たちの零細な貯蓄や年金が機関投資家によって巨大なファンドにまとめられ、日本企業の株式に投資されているからである。株主構成比率で見て、個人株主の持株に機関投資家の持株を加えた比率はゆうに五〇％を超しているのだ。したがって、株主の利益を極大化するということは、その大半が国民の利益を極大化することと置き換えてさしつかえない。今日の日本では、一般国民のほかに、その国民から搾取する特別な資本家がいるわけではないのだ。コーポレート・ガヴァナンスを理解するに当たって、このことは重要な事実である。

株主の利益の極大化の追求を私たちが選択したのは、それが資本の効率を高めるのに最も有効であることを知ったからである。資本の効率の追求は、国の経済の繁栄をもたらし、国民の繁栄をもたらすのだ。しかし、国民の繁栄を求めるのが究極の目的であるならば、個々の企業が直接従業員の雇用を考え、直接地域の繁栄を考えるいき方もあるのではないか。その方が効果がはっきり目に見えるではないかとの考えがあるかもしれない。しかし、詳細には論じないが、この考え方は、計画経済に通じる考え方である。この考えを押し詰めていけば、社会主義や共産主義に行きつく。私たちは、歴史上、つい近年になって計画経済よりは市場経済の方が有効であることを知ったばかりである。

私たちは、今、国の経済の繁栄を市場原理に委ねようとしているのだ。それが、株式会社経営にあっては、株主利益の追求という形で表れるのである。しかし、東西冷戦時代が終わり、社会主義に対する資本主義の有効性が明らかになったのこそ、ここ一〇年のことであるが、そもそも資本主義はということであれば、その歴史は古く、コーポレート・ガヴァナンスにしてみても、今日に始まったわけではないのではないか。それなのに、なぜ今、突然に市場原理が強調されるのか、という疑問が生まれる。

それはそうであるが、戦後の日本は、資本主義国ではあるが、計画経済的要素が色濃かったのである。規制とは、官僚が国民を管理する手段であった。護送船団方式の行政は、日本的計画経済の一つの象徴的な存在であったのだ。株式会社は、株式の持合いにより、その株式会社であることの特性が失われていた。しかし、このような仕組みは、戦後三〇年くらいは有効に働いたのではないかと思う。今日、日本が、GDP（国内総生産）で見てアメリカに次ぐ世界第二位の経済大国であるのは、その成果である。

しかし、私たちは、どこかで道を間違えたのだ。それは、多分、高度成長の終わった昭和五〇年代（一九七五年～）であると思う。この間違えた道を修正しようという動きが、橋本内閣が政権構想で掲げた「六つの改革」である。詳論は割愛するが、この改革が、一方でちょうどバブル崩壊後の長引く経済不振と重なり、足元の日本の政治的、経済的動乱をもたらしているのは周知のところだ。この動乱は、一種の革命によるものである。私たちは革命に直面しているのである。そうした中で、最大の経済主体である株式会社のあり方を問うているのである。

遠い将来のことは、今は論じない。この足元で、政治や行政や経済や社会のあり様を修正する革命を成功させるためには、株式会社の姿を正さなければならない。それは、株式会社は、株主の利益を極大化するための事業組織体であることを認識することである。

さて、このような考え方に立って、改めて、株主の立場から企業を見てみよう。上場クラスの大企業は、個人株主であれ、機関投資家に年金を預けた、迂回した個人投資家であれ、一私人から見ると象のように巨大な存在である。株式会社は、自分たち株主の利益を極大化してくれる存在であると言ってみても、この象のように巨大な企業の中で、誰がどのように、そのようなことを考えて行動してくれているのか。その答えは取締役である。なぜならば、取締役で構成する取締役会は、企業の業務執行を決定する全権限を握っており、それゆえにこそ、彼らは株主総会で選ばれるからである。企業の中で、株主に代わって、株主のために利益を追求してくれるのは取締役なのである。したがって、株主は、通常の場合は取締役だけを相手にしていればいいのだ。

ただし、その取締役を企業内部で監査しているのは、監査役である。監査役もまた株主総会で選ばれる。監査役は、取締役や取締役会の個々の業務執行に伴う経営判断の適否にまでは立ち入らない。しかし、彼らの業務執行の意思決定や業務執行そのものが法令や定款に違反するときは、これを差し止めるのが監査役の役割である。このような立場にある監査役のもう一つの役割は、取締役とその会社との間で裁判上の争いがある場合、会社側は監査役が会社を代表することである。また、株主が取締役の責任を追求する訴えを会社に求める場合、その相手は具体的には監査役である。もし、監査役がこの請求に応えなかったときは、株主はいわゆる株主代表訴訟を提起することになるが、そのときは、監査役も被告側に回ることになる。すなわち、株主側から見て、ときには監査役も相手にしなければならなくなるのだ。

改めて問われる取締役会の機能

執行役員制度を導入した多くの企業で、その理由として、これまでの取締役会では取締役の数が多くなりすぎて、本来の取締役会の機能が果たせなくなったことを挙げている。そこで、改めて問われなければならないのが取締役会の機能である。

これまで、本書では、取締役会の役割を経営戦略の立案、経営指針の策定と、これらに基づく執行役員の業務執行の監視としてきた。一方、執行役員の方は、取締役会の戦略や指針に基づいて、具体的な業務執行をおこなうことがその役割なのだ。

これらのことを、法律的に整理すると次のようになる。商法では、すでに述べたように、取締役会は、「業務執行ヲ決シ取締役ノ職務ノ執行ヲ監督ス」としている。これが、取締役会という一経営機関の中心となる職務なのである。ここでいう「業務執行ヲ決シ」とあるのは、一般に、業務執行の意思決定をおこなうことを意味していると解釈されている。この業務執行の意思決定を、本書では、実務に即して、経営戦略の立案、経営指針の策定として説明してきた。もっとひらたく言えば、長い目で見た経営方針の決定と言っていいであろう。

商法では、これらのほかに、重要な財産の処分や譲受、多額の借財、支配人その他重要な使用人の選任と解任、支店その他重要な組織の設置、変更および廃止を具体的に例示したうえで、その他も含め、このような重要な業務執行に関する意思決定は、代表取締役に権限委譲することなく、自らがおこなわなければならないとしている。わが国には代表取締役制度があり、大半の業務執行が、その前提となる意思決定とともに、この代表取締役に権限委譲されている。しかし、ここに述べたような重要事項の業務執行に関する意思決定の権限は、取締役会に留保されているのだ。なお、代表取締役はこのような立場にあるので、三ヵ月に一回以上、業務執行状況を取締役会に報告しなければならないことになっている。

さて、このように見てくると、執行役員制度は導入されたものの、これからの取締役会およびその構成員である取締役の職務責任は容易なものではない。桃色の取締役会から白色の取締役会に変わり、赤色の執行役員は退席したので、ひとまず一休みして、それから今後の段取りを考えようか、というわけにはいかない。環境変化の激しい時代である。執行役員はすでに走り出している。一方で、企業の所有者である株主は、日本経済の回復を見越してどんどん新しい外国人株主が参入すると同時に、機関投資家を中心とする国内株主も、モノを言う株主に変身し、取締役会や取締役の言動をじっと見守っているのだ。

執行役員制度の導入と、これと並行しておこなわれた取締役会の改革は、各企業まちまちである。したがって、いちがいには言えないが、総じて言えば取締役の数はかなり絞り込まれたはずである。その取締役の何人かは執行役員を兼務している。代表取締役は、執行役員が法制度化されれば当然執行役員を兼務する立場にあるが、その彼を、いま執行役員の定義の中に入れるか、入れないかは、各社の選択により異なる。しかし、代表取締役は、商法上一つの経営機関で、広範な業務執行権限を握っている。現在のわが国の法制度に則って言えば、執行役員のボスということになる。

さて、この数が絞り込まれた取締役会で、本当に長期的観点からの経営戦略の立案や経営指針の策定ができるのか。そのためには、その企業の事業分野に関する奥の深い見識と、経営環境全般を見渡す広い視野と、そして、長期的な変化の方向を見通す洞察力とが必要である。第一の事業分野に関する見識は、取締役会に残った現役の社内取締役としては最も得意とするところであろう。第二の広い視野については、これから社外取締役の力を借りる企業が増えてくることが考えられる。難しいのは第三の洞察力である。すでに述べたように、戦後の日本には戦略の発想がない。したがって、国家運営にせよ、企業経営にせよ、長期的な構想力を苦手としているからである。しかし、実は、これなくしては本当の企業経営は成り立たないのだ。

そして、こうして策定された経営指針に基づいておこなわれる業務執行を監視していくのも、取締役会の任務である。これもまた容易な仕事ではない。なぜならば、執行役員のボスは、取締役会の構成員でもある代表取締役社長であり、ときには代表取締役会長であるからだ。わが国の現在の法制度や一般的な慣行では、企業内で、まだ代表取締役社長が絶大な権力を持っている。なぜならば、日本では、今のところまだ彼が人事権を握っているからだ。さらに、その他の執行役員は、現場情報を握り、現場に立脚した強みを持っている。

よほど社外取締役の勢力が大きければ別であるが、まだ社内取締役が圧倒的多数を占め、しかも、その中の大部分の取締役が上席執行役員を兼務しているとあっては、取締役会が執行役員を監視していくことは正直なところ至難の業と言わざるをえない。

しかし、その取締役会や構成員である取締役を後方からしっかりと見つめているのが株主である。彼らは、これまでのようなモノを言わない株主ではない。しかも、日本では、まだ切れ味も使い方もよくわからない株主代表訴訟権を懐にしているのだ。

取締役兼執行役員

執行役員制度を導入した企業の多くが、形骸化した取締役会の機能回復とそのための取締役会の純化を謳《うた》っている。たしかに、どこの企業も取締役の数は大幅に減少した。そのことによって、取締役会では実質的な意見交換ができるようになったかもしれない。しかし、一方で着目しなければならないことは、多くの企業で、取締役の何人かがいまだに執行役員を兼務していることである。図表5は、その具体例を示したものである。

さすがに、社外取締役が執行役員を兼務していることはまずないであろう。アメリカでは、通常、とくに大企業になるほど、社外取締役が取締役会の過半数を占めている。したがって、執行役員兼務の取締役が取締役会の過半数を占めるこ

図表5　取締役兼執行役員が存在する企業の事例

社名	取締役数	内社外	内執役	執行役員数
大成建設	12	0	11	37
清水建設	10	0	8	34
住友金属工業	10	0	9	20
神戸製鋼所	9	0	8	26
住友重機械工業	8	0	6	11
大日本製薬	13	0	10	6
中外製薬	10	2	7	16
東芝	12	1	10	19
富士電機	9	1	8	16
オリックス	11	2	9	14
ダイエー	10	0	6	29
さくら銀行	13	0	13	26
住友銀行	18	3	14	20
西日本旅客鉄道	9	2	1	19

1999年12月1日現在
社外は社外取締役、執役は取締役兼務執行役員
右端の執行役員には取締役兼務者を含まない

とはまずない。しかし、わが国では、社外取締役の存在はまだ極めて例外的である。したがって、しばしば執行役員兼務の取締役が、取締役会の過半数を占めることになる。この日米の差をどういうふうに考えたらいいのか。取締役のあり方の基本にかかわる問題ではないだろうか。

日本では、社長はまず間違いなく代表権のある取締役である。そこで、すでに述べたように、執行役員制度のある企業では、これを執行役員と呼ぶか呼ばないかは別として、そのボス的存在である。もちろん、代表取締役社長として、取締役会でも中心的地位にある。一方、アメリカは、CEOが文字どおり執行役員の頂点に立っている。取締役会に相当するボード・メンバーであることを求められているわけではないが、現実には、CEOの圧倒的多数がボードの議長を務めている。アメリカにおいてもCEOが最高実力者である。

ここで、日米の取締役会の間に次のような機能の相違が生まれる。日本では、取締役の数こそ絞ったが、執行役員兼務者が大半を占めているため、それは、あたかも取締役会が上席執行役員会のような姿になる。執行役員兼務の取締役が、取締役会には、本来白色の上着を着て出席すべきところが、執行役員用の赤色の上着を着用して出席しているからである。そこで、これまでどおりの常務会や経営会議が生き残っている場合は、経営の核心に触れる実質的討議はそちらでおこなわれ、取締役会はますます形骸化することになる。取締役会構成員の大半が執行役員であり、そのボスである社長が取締役会の中心的地位を占めているとあっては、執行役員の業務執行に対する監視機能は弱くならざるをえない。このことは、アメリカの例に比較すると一層明らかになる。アメリカでは、取締役会の経営陣からの独立性が高いのが一般的である。日経ビジネス一九九九年四月五日号は、アメリカの取締役会の内部機関としてCEOを選出する義務を負う任命委員会は、「全員が社外出身者で構成されるのは当然」との考え方を示したうえで、元国務長官で弁護士のジェームズ・ベーカー氏が、アメリカの大手情報処理会社エレクトロニック・データ・システムズ（EDS）の社外取締役として、一九九八年夏、一二年間同社のCEOを務めたレス・アルバーサル氏を解雇し、CEO市場で人気の高いリチャード・ブラウン氏を後任のCEOに射止めた話を紹介している。

取締役会が最も手っ取り早く経営改革をおこなう手段はCEOを入れ替えることと言えば言いすぎかもしれないが、社外取締役で大半を占められた取締役会がCEOを解雇するのは、決して珍しいことではないのだ。なぜそのようなことができるのか。それは、取締役会が株主の代理人だからである。ちなみに、アメリカでは、取締役会の中に、内部機関として任命委員会あるいは指名委員会や報酬委員会が置かれている。あくまでも株主の意を体した取締役会の指揮、監視のもとに経営陣が業務執行をおこなうという考え方である。

ここまで見てくると、日米の経営のあり方のもう一つの差に気がつく。それは、日本のボトム・アップ方式に対するアメリカのトップ・ダウン方式である。日本で社長が絶対権力を握っていることは繰り返し述べてきたとおりであるが、その彼も、日常の業務執行にあたっては可能なかぎり下からの意見や情報に耳を傾けようとする。その結果、取締役に多数の執行役員を残して、取締役会を内部出身者で固めるということになる。これに対して、アメリカの経営は、トップ・ダウン方式で、個性的である。CEOの後継者は、過去のしがらみを断ち切るために、内部出身者より外部からの者の方がいいとさえ言われているのだ。かくて、アメリカではCEOを市場から調達することになる。

ここに述べた日米の差は、どちらが正しく、どちらが正しくないと、いちがいに言えるものではない。それぞれの社会風土や歴史の差が背景にあるからである。とくに、日本では、執行役員制度は、まだ導入が始まったばかりで、試行期間中である。ただ、近未来を展望すると、この世界でもデファクト・スタンダードはアメリカが握っており、株式持合いの退化を背景に、かなり速い速度で日本側が変化を求められることになる。ごく限られた上席執行役員は別として、取締役兼務の執行役員の存在は、過渡的な姿であるかもしれない。しかし、一方で、後述するように、日本で社外取締役を増やすのは、なかなか困難なことである。

社長は変身できるか

代表取締役は、取締役として取締役会の業務執行の意思決定に参画すると同時に、代表権のある取締役として、取締役会から権限委譲されて広範囲な業務執行権限を有する。取締役会とは別の経営機関である。通常は、業務執行の細目については、明示的でなくても、その意思決定を含め包括的に権限委譲されていると考えられている。企業にあっては、代表取締役は絶大な存在である。執行役員制度は、代表取締役社長を頂点とした、この業務執行権限のヒエラルヒーを骨格にして築かれている。

さて、日本でCEOと言えば、取締役会長か、取締役社長であろう。一般的には、会長がCEO（最高経営責任者）に近く、社長がCOO（最高執行責任者）に近いと言われている。しかし、私は、日本で少なくとも業務執行面からCEOの概念に近いのは社長であろうと考えているので、本書では、実力会長の存在を念頭に置きつつも、ひとまず社長をCEOとして扱ってきた。もちろん、わが国では、CEOもCOOも法制度の存在ではなく、したがって、全会長や全社長がCEOやCOOの肩書きを名刺上に明示しているわけではないので、現段階でその実態を調べるのは非常に困難である。しかし、日本でも、執行役員制度の導入開始とともに、CEO、COOの概念も急速に市民権を得つつあるのではないかと考える。もちろん、そのときは、CIO（Chief Information Officer＝最高情報責任者）、CFO（Chief Financial Officer＝最高財務責任者）の存在なども、広く一般に知られるようになる。

さて、すでに述べたとおり、本書ではひとまず社長をCEOとしたが、私は、これからは、社長に非常に圧力がかかると考えている。なぜならば、時代とともに企業経営が革命的に変化するときに、最も変わらなければならないのは社長だからである。そのポイントとなるところは、ボトム・アップ型の経営からトップ・ダウン型の経営への転換である。

しかし、日本のボトム・アップ型の経営には、現場と経営陣の情報の共有、若手が支えている現場の士気高揚という計り知れないメリットがある。したがって、私は、経営の仕組みとしてこのボトム・アップ方式を残すべきだと考えており、またそういうベクトル（方向性のある力）が働くと考える。しかし、一方で、CEOがリーダーシップを取るアメリカン・スタイルのトップ・ダウン方式への圧力も高まらざるをえない。外国人株主は、CEOの顔が明確に見えることを期待すると同時に、時代の変化が、CEOがそうならざるをえないことを強く求めるからである。あたかも地底で二つのプレートがきしみながら噛み合うように、業務執行の意思決定の二つの力がCEOである社長を襲うことになる。果たして社長は耐えられるか。果たして社長は変身できるか。

このことは、その企業が執行役員制度を導入しているか否かにかかわらず直面する問題である。日本の企業経営全体の問題だからである。しかし、執行役員制度がまだ過渡期の姿であるにせよ、私は、この制度を導入しておいた方が、次への展開が少しでも円滑にいくのではないかと考えている。なぜならば、取締役会の機能分化は所詮《しょせん》避けて通れないことであるとともに、執行役員制度を導入すれば、CEOの位置づけが明らかになるからである。

それでは、CEOである社長はどのように変身すればいいのか。その答えは、その企業の経営に関して、あらゆる経営者、すなわちあらゆる取締役やあらゆる執行役員を超えた存在になることである。株主から預っているその企業について、どの分野であれ、誰よりもよく知り、誰よりも多く悩まなければならない。多分、錯乱状態に陥り、病気になるであろう。しかし、耐えなければならない。そして、徹底して考え抜かなければならない。ある日、突然すべてが見えてくるはずである。どの駒をどう動かしたらいいのかが読めてくるはずである。そのときは、自信を持って行動すればいいのだ。もはやボトム・アップだのトップ・ダウンだの言っている暇はないはずである。その後は、天命を待つほかはない。

いささか抽象的な表現になったが、この節は、ある具体的な事例を想起しながら書いてみた。ともかく、CEOである社長が社内で突出した存在になるのでなければ、その企業は生き残れない時代がやってきているのだ。

社外取締役は定着するか

取締役および取締役会について、ここまで述べてきたことを整理してみよう。

日本では、まだ社外取締役は例外的な存在であって、取締役のほとんどが社内取締役である。

しかも、執行役員制度を導入している企業では、対外呼称にそのことを明示するか否かは別として、その大半が実質的には執行役員兼務である。これに対し、アメリカでは、ボード・メンバーの多数が社外取締役である。執行役員兼務者もいないわけではないが、その数は、CEO、COOなどごく少数に限られている。当然のことだが、ボード・メンバーは、他からの影響を受けることなく、純粋なボード・メンバーとして行動する。

その結果どうなるか。日本の取締役会は、上席執行役員会の性格を帯びるか、これまでよりもその存在感がいっそう後退し、形骸化する。とてもCEOである社長を解雇するなどということはできない。これに対し、アメリカでは、社外取締役が力を合わせて、業績の上がらないCEOの首をすげ替えてしまう。彼らは、株主の代理人として、株主の利益を極大化するために行動するのだ。

ここで、上場企業である株式会社の事業活動目的が株主の利益を極大化することにあるとして、取締役会はそのために機能しなければならないとしよう。そうすると、日米比較で見て、社外取締役の存在がクローズアップされてくる。今後の日本の取締役会のあり方として、この点をどう考えるか。

アメリカの社外取締役の活躍については、とかく成功例が紹介されがちである。しかし、実態は、そのようなきれいごとばかりではないようだ。複数のCEOがお互いに相手企業の外部取締役を務める事例は少なくないようである。また、地元有力者、友人を社外取締役にすることも日常茶飯事と言っていいようだ。これでは、取締役会を与党で固めるようなものである。ちょうど、日本の株式持合い株主が、相互に相手の傷を舐《な》め合い、経営監視機能を果たさないのに似ている。なお、すでに述べたことであるが、アメリカでは、社内取締役、社外取締役とは別に、その企業と特別な関係にある顧問弁護士や投資銀行員、現経営陣の親族などが取締役である場合、彼らを関連取締役と呼び、社外取締役と合わせ外部取締役という。

さて、アメリカの取締役会も、どれもがそれほど模範的なものでないことはわかった。しかし、私たちが、日本において取締役会の改革を言うのであれば、やはり社外取締役の存在を考えなければならない。なぜならば、従業員出身の社内取締役で固められた取締役会で、かつ社長も従業員出身では、その同質的体質から、どうしても本来の取締役会機能の発揮が期待できないからである。このことは、取締役会を通してしか経営をコントロールすることのできない株主から見て、その取締役会の構成員までが業務を執行する経営陣と同質な内部者とあっては、その監視機能を期待することはほとんど絶望的と言わざるをえないからである。どうしても社外取締役を入れ、しかも彼らを強い存在にするのでなければ、取締役会機能の強化は達成できないのではないか。

しかし、現実にこれを進めようとすると、事は容易ではない。

まず、第一に、取締役会の運営方法がまったく変わってこざるをえない。それは、社内取締役と社外取締役との間で、持っている知識や情報に相当大きな開きがあるからである。とくに、社外取締役は、同業種企業から招かれることはまずないであろうから、その業種の動向について基礎知識はあるにしても、最近の業界動向や社内事情について、毎回、取締役会の前に、かなり事前説明をしなければならない。これは、企業側も社外取締役側も相当の時間と努力を必要とするところであるが、経営戦略を立て、経営指針を策定し、執行役員の業務執行を監視する取締役会とあってはやむをえまい。そうでなければ、その取締役会は、単に議案可決をオーソライズするための、あるいは事後承認のための会に終わってしまう。

第二に、社外取締役が取締役会の審議に実質的に加わるためには、どうしても社外取締役の数がある程度多くなければならない。なぜならば、社外取締役の発言が実質的に取締役会の運営を動かす形にしなければ、彼らの本音の発言を期待しがたいからである。もし取締役会を本当に有効に機能させようとするのであれば、その数はアメリカのように過半数でなければならない。しかし、一方で、このような社外取締役には高度の経験と見識を求められるが、日本のビジネス界にはとてもそれだけの人材は存在しない。ないものねだりをすることになる。

第三に、社外取締役は、いわば社外から有識者を客員として招くことになるが、それにしては、日本の取締役の地位はまだ極めて不安定である。それというのも、株主代表訴訟のルールがまだ社会的に定着していないために、一網打尽的な提訴が起こされて、たまたま在籍していた社外取締役が訴訟に巻き込まれかねないからである。最終的には勝訴するとしても、企業としては、客員として招いた社外取締役を訴訟に巻き込み、場合によっては経済的な負担をかけてしまうことになりかねない。太平洋セメント取締役相談役諸井虔氏は、「私も社外取締役に就任を承諾するに当たっては、株主代表訴訟が全く気にならないと言ったら嘘になろう」としたうえで、「ある種の社会的責任」と思って引き受けたと言っている（『取締役の法務』一九九九年六月号）。

ある企業では、執行役員制度を導入するに当たり、本来社外取締役として招くべき人を、株主代表訴訟問題を回避するために別途アドヴァイザリー・ボードを設け、そのメンバーとして、産業人、学者など有識者を招聘《しょうへい》することにした。これは、取締役としての責任を解除しながら、経営に対する外部からの意見を取り入れようとする一つの工夫である。極めて現実的な解決方法と考えられるが、しかし、本来の取締役会の監視機能という観点から見ると、取締役会の外部にあるアドヴァイザリー・ボードは、ほとんど無力と言わざるをえないであろう。社外取締役とは異質のものであって、とても社長の首をすげ替えることなどはできない。

このように、現在のわが国で、社外取締役を実質的に機能させることは極めて困難を伴うことである。現実に社外取締役を採用している企業は、図表6に示すとおりまだ極めて限定的で

南海電気鉄道	佐伯　尚孝	三和銀行相談役
〃	名原　　剛	日本生命保険副社長
〃	巽　　外夫	住友銀行特別顧問
名古屋鉄道	豊田章一郎	トヨタ自動車名誉会長
東海汽船	韮谷　定敏	同和鉱業相談役
〃	松澤　正芳	藤田観光相談役
〃	小谷　　昌	京浜急行電鉄社長
〃	齋藤　昌哉	東京汽船社長
日本航空	河野　俊二	東京海上火災保険会長
〃	諸井　　虔	太平洋セメント取締役相談役
全日本空輸	谷口清太郎	名古屋鉄道取締役相談役
〃	上山　善紀	近畿日本鉄道相談役
高島屋	川勝　泰司	南海電鉄会長
〃	小林　玉夫	日本生命保険特命顧問
〃	對馬好次郎	相模鉄道相談役
大丸	奈良　久彌	三菱総研会長
松屋	根津嘉一郎	東武鉄道取締役相談役
三越	神谷　健一	さくら銀行常任顧問
阪急百貨店	森井　清二	関西電力相談役
ユニー	鈴木　郁雄	東海銀行専務執行役員
ジャスコ	諸橋　晋六	三菱商事相談役

アドバイザリー・ボード・メンバー		
日本興業銀行	荒木　　浩	東京電力会長
〃	飯田　　亮	セコム取締役最高顧問
〃	竹中　平蔵	慶應義塾大学総合政策学部教授
〃	グレン・S・フクシマ	在日米国商工会議所会頭
大和証券	牛尾　治朗	ウシオ電機会長
〃	稲盛　和夫	京セラ名誉会長
〃	グレン・S・フクシマ	在日米国商工会議所会頭
日立製作所	伊藤　助成	日本生命保険会長
〃	岩男壽美子	慶應義塾大学名誉教授
〃	ジョセフ・カスピューティス	元米国商務省商務次官
〃	可児　武夫	モルガン・スタンレー・ジャパン・リミテッド会長
三菱電機	ピーター・パーカー	元英国国鉄総裁
〃	ジョン・ホワイト	米国防省・国務次官補
〃	山田　郁夫	三菱総研常務
〃	西野　清吾	元三菱電機理事
松下電器産業	高垣　　佑	東京三菱銀行会長
〃	高原須美子	セントラル野球連盟会長
〃	グレゴリー・クラーク	多摩大学学長

図表6　社外取締役，アドバイザリー・ボードの実例

社外取締役		
富士ゼロックス	宮内　義彦	オリックス社長
キリンビール	岸　　暁	東京三菱銀行頭取
〃	波多健治郎	明治生命保険会長
三和銀行	鈴木　哲夫	HOYA 会長
〃	板垣　　宏	帝人取締役相談役
北海道銀行	横山　　清	ラルズ社長
コマツ	森川　敏雄	住友銀行会長
日本精工	伊藤　健彦	ユニ・チャーム特別顧問
NTT	今井　　敬	新日本製鐵会長
〃	小林陽太郎	富士ゼロックス会長
オリックス	宮原　　明	富士ゼロックス副会長
〃	田村　達也	A・T・カーニー会長
ほくやく	鈴木　　賢	サンエス社長
ソフトバンク	藤田　　田	日本マクドナルド社長
〃	宮内　義彦	オリックス社長
〃	重田　康光	光通信社長
〃	村井　　純	慶応義塾大学環境情報学部教授
〃	大前　研一	経営コンサルタント
ソニー	ピーター・ジー・ピーターソン	ブラックストーングループ　チェアマン
〃	末松　謙一	さくら銀行常任顧問
〃	中谷　　巌	一橋大学非常勤講師
松下電器産業	伊部恭之助	住友銀行相談役
〃	伊藤　助成	日本生命保険会長
富士通	沢　　邦彦	富士電機社長
三洋電機	C・C・アキノ	フィリピン元大統領
三菱電機	槙原　　稔	三菱商事会長
住友銀行	川上　哲郎	住友電気工業会長
〃	浦上　敏臣	住友生命保険会長
〃	山内　悦昭	元アーサー・アンダーセン・日本副代表
東武鉄道	横田　二郎	東急電鉄取締役相談役
東急電鉄	小佐野政邦	国際興業社長
京浜急行	伊藤　助成	日本生命保険会長
小田急電鉄	森田富治郎	第一生命保険社長
京王電鉄	足立　信之	ニッセー基礎研究所相談役
〃	早崎　　博	住友信託銀行相談役
富士急行	秋山　智史	富国生命保険社長
〃	若原　泰之	朝日生命保険会長
〃	林　　有厚	東京ドーム社長
〃	宇野　郁夫	日本生命保険社長
南海電気鉄道	新良　　篤	住友信託銀行特別顧問

「財界」1999年8月24日号

あるとともに、その人数も限定的である。しかし、それにもかかわらず、社外取締役の機能を生かす努力を怠ってはならない。取締役会の改革とその機能の強化は、時代の大きな流れであるからだ。いくつかの企業では、過半数とまではいかないまでも、例えば一〇名の取締役中三名を社外取締役にすることによって、社外取締役の比率を増大させようとしている。この努力は高く評価されなければならない。なぜならば、この問題に対しては、当面は、現実的な解決方法しかないからである。例えば、アメリカのような、役員を決める指名委員会や彼らの報酬を協議する報酬委員会を取締役会の内部委員会として設け、その責任者を社外取締役にするのも一つの方法ではないだろうか。社外取締役の役割を少しでも高めるよう、各社の工夫と努力が期待されるところである。

第3章　経営機構改革

経営機構の基本的考え方

執行役員制度の導入は、そのこと自体に唯一の目的があるのではない。ましてや、取締役の数が多くなり過ぎたので、その数を減らすことに主な目的があるのでもない。執行役員制度の導入は、時代環境の大きな変化に対応した、経営機構の改革の一環なのである。このことをよく認識して取りかからないと執行役員制度の導入は失敗に終わる。

時代環境の変化については、第二部で十分述べたので、ここでは繰り返さない。それでは、具体的に、どのような経営機構を実現しようとするのか。それは、「動」の経営をおこなえる経営機構をつくろうとする改革である。「動」の経営とは、とどまることなく、絶えずリストラを繰り返していく経営である。この「動」の経営を実現する経営機構こそが、今日求められている経営機構であるのだ。そのための大きな経営機構改革の一環として、執行役員制度が導入される。

もう少し具体的に考えてみよう。経営には、もともと、経営の意思決定と、その意思決定に基づく業務執行と、意思決定や業務執行の監視という三つの行為がある。「動」の経営を実現するための経営機構改革とは、現代の目でこの三つの行為を再点検し、補正強化するとともに、とくに業務執行の部分を強力かつ機動的にしようとするものである。そうでなければ、この「E」の時代という変化の速い時代に、企業は生き残ることができないからである。主役は業務執行である。以下、順番に考えてみよう。

意思決定は、取締役会が担当する分野である。本書では、経営戦略の立案、経営指針の策定として述べてきた。それでは、この分野は、これまではどのように処理されてきたか。多くの企業では、業務執行現場から、ボトム・アップ方式で提案がおこなわれてきた。また、長期経営計画の策定や大型のM&Aなどの案件は、中央の企画部門で詳細な原案が作成された。そして、これらがいったん常務会や経営会議にかけられた後、とくに重要と思われる案件については、商法に定められたその他の重要な業務執行案件とともに、経営の意思決定としては、ほとんど事後的に取締役会に付議され、追認されてきた。

それでは、これからはどうなるのであろうか。取締役の大部分が社内取締役であり、また取締役の多数が執行役員を兼務しているという実情を前提にして考えてみよう。原案作成までの過程は、当分あまり変わらないであろう。問題は、そこから後である。執行役員を兼務している取締役が全員白い上着を着ているのであれば、原案を基礎に直接取締役会で戦略や計画を審議することができるであろう。しかし、多くの取締役が赤い上着を着て出席するとなると、取締役の数は減っても、実態はこれまでとあまり変わらないことになる。結局、これまでと同様、常務会や経営会議で実質審議をおこなったうえで、形式的にもう一段数を絞り込んだ取締役会に付議することになる。これでは、何のための執行役員制度導入かということになり、株主から見ると、取締役会は、いったい何をやっているのかということになってしまう。

私は、取締役会を意義あるものにするために、取締役の数は思い切って絞り込むべきであると考える。そのうえで、やはり社外取締役の数を増やしていきたい。株主代表訴訟の問題はあるが、これはこれで一日も早く法制度上の手を打つことを政府に求めるとして、当面は社外取締役を引き受けるのも「ある種の社会的責任」（前掲、諸井虔氏）と感じる経営者や専門家が増えることを期待したい。また、ＣＥＯの独断専行を封じるためには、前述したように社外取締役を委員長とする指名委員会を設置することも、それなりに有効であると考える。さらに、法制度上は本質をまったく異にするが、取締役会の外にアドヴァイザリー・ボードを置くことも、運営いかんによっては、その効果が期待できるのではないだろうか。

次に、業務執行は、文字どおり執行役員が担当する分野である。わが国の法制度上は、取締役会から業務執行の権限委譲を受けた代表取締役を頂点に、ヒエラルヒー状に順次下位の執行役員に業務執行権限が委譲されていくことになる。ここで大切なことは、これまで経営の意思決定と業務執行とに分けて説明してきたが、実務家であれば誰もが知っているように、この二つはきれいに二分できるものではないのだ。多くの場合、業務執行は絶えず経営の意思決定を伴うものである。そこで法律上も、とくに条文で明記された事項以外のことについては、意思決定についても代表取締役に権限委譲することができるものと考えられており、細目にわたる事項は、それが明示されていなくても代表取締役が決定をし、執行できると解釈されている。

執行役員は、このような権限委譲の構造の中で、業務執行権限を持つ。それは、使いようによっては強大なものである。代表取締役は、現在でも企業にあっては絶大な経営の執行権を握っている。執行役員のボスとしての代表取締役、すなわちCEOは、さらに絶大な存在になる。私はそれでいいと思っている。むしろ、そうあるべきではないだろうか。なぜならば、それが「動」の経営を実現する唯一の道であるからである。取締役会は、執行役員に対して思い切って権限委譲しなければならない。そして、執行役員のヒエラルヒーの中にあっては、下位の執行役員に対して思い切って権限委譲がおこなわれなければならない。そうでなければ、せっかくの執行役員制度が機動性を失うからである。

さて、ここまでくると、執行役員制度のいかなるものかがかなり明らかになってくると思う。それと同時に取締役会の役割も明らかになってくるであろう。よほど明快な経営方針がはっきり示されないかぎり、経営はとんでもない方へ走り出してしまうのだ。しかも、明快な経営方針が示されていても、CEOやその下の執行役員が暴走しないという保証はない。それをどうするか。これは、取締役会と執行役員との間でどのように意思疎通をおこなうかという問題と、CEOを含む執行役員をどのように監視するかという問題との二つの問題を含んでいる。

前者の問題については、節を改めて論じてみたいが、ここでは、簡単に機構の問題について触れておきたい。執行役員制度を導入したことによって、経営の意思決定側と業務執行側とが明確に分けられた。日常の業務執行については、業務執行側が絶大な権限を握ることになる。そこで、この業務執行側にも、与えられた権限の中での最高意思決定機関が必要となり、多くの企業でこのような機関が設けられている。その名称は経営会議、マネジメント・コミッティなどさまざまであるが、議長は当然社長（多くのばあいCEO）がその任に当たることになる。

後者の問題については、これから述べる監視全体の仕組みの中で考えてみたい。監視については、大きく分けて、第一に法令や、企業活動を律する各種規程に直接触れていないか、第二に法令違反ではないが、社会倫理の立場から見て、常識の範囲を逸脱していないか、第三に株主の立場から見て、経営者の行動が株主の利益を極大化するという期待に十分応えているものであるかといった三つの段階が考えられる。一方、これらの監視をおこなう機関としては、経営機関としての取締役会、監査役があり、また法令で定められた社外の監視機関として会計監査人がある。さらに、法制度上の機関ではないが、社外の有識者を中心にして構成されるアドヴァイザリー・コミッティ、アドヴァイザリー・ボードなどがある。

取締役会は、経営上の意思決定機関であると同時に、自らこの三つの監視機能を持つものでもある。法令を遵守《じゅんしゅ》すること、すなわちコムプライアンスは、企業経営としては最も基本的なことであるが、それにもかかわらず、これまで各種の不祥事が多発しているのは残念なことだ。この面で、いくつかの企業で取締役会や次に述べる監査役の機能が不全に陥っていたと言わざるをえない。社外取締役にこの機能を期待する考え方もあるようだが、すでに述べてきたように、社外取締役は主に第三の株主の立場で監視をおこなうための存在であって、その他については、せいぜい第二の社会倫理について参考意見を求めるところまでであろう。第一の問題については、まず社内取締役がしっかりしなければならない。第三の問題については、基本的には社外取締役が必要である。しかし、諸般の事情からこれを実行できない場合は、取締役会の中にCEOを頂点とする執行役員を監視する仕掛けをつくる工夫がどうしても必要であろう。

監査役は、取締役の職務執行の監査をするものとされているが、その対象となる取締役の職務執行(業務執行)は下部へ権限委譲されているものも含め広範囲にわたるものである。加えて、監査役には、この任務を全うできるように会社業務・財産調査権をはじめ、幅広い権限が与えられている。しかしながら、その監視の対象は第一の問題に限られ、第三の問題に属する個別の経営判断には立ち入らない。ただし、第二の問題は、第一の問題との間のグレー・ゾーンも多く、私は必要に応じて監査役が関与してもよいと考えている。いずれにせよ、一般論で言えば、不祥事の多発に関しては、監査役は取締役会と共同責任がある。改めて監査役の役割を強調しておきたい。

会計監査人は、もっぱら企業の会計監査をおこなう立場にある。第一の問題の分野に属する。会計監査人制度が導入されてから、会計監査については、会計監査人が主、監査役が従の立場となった。しかし、会計監査人が企業会計の専門家であるのに対し、社内にあって常時経営の執行状況を把握しているのは監査役であるので、この両者の密接な連携なくしては、質の高い会計監査は実現できない。なお、ちなみに、監査役は主としては業務監査をおこなうことをその職務としている。

外部から招聘《しょうへい》した顧問で構成される機関、アドヴァイザリー・コミッティに、もし監査機能を期待するとすれば、それは主として第三の問題に関する分野であり、補足的に第二の問題に関する分野であろう。繰り返し述べているように、このようなアドヴァイザリー・コミッティに本来の外部取締役の機能を期待することはとても無理である。しかし、経営者、ＣＥＯがその気になれば、監視機能を含め、経営上かなり有効な助言が得られるはずである。だが反対に、株主に対しての隠れ蓑として使われかねない存在でもあるのだ。

経営機構改革の具体例

ここで、一九九七年に執行役員制度を導入した元祖ソニーと、これに追随して一九九八年に制度を導入した東芝、および一九九九年に制度を導入した日本興業銀行について、それぞれの経営機構とその考え方を簡単に紹介しておこう。

図表7は、ソニーの経営機構を示したものである。

ソニーの場合、取締役の総数は一〇名、うち三名が社外取締役とかなり絞り込まれているので、会長を議長とする取締役会では相当の時間をかけて実質的な審議がおこなわれている。また、取締役会を補佐する内部委員会が三つ設けられている。そのうち、会長を議長とする経営会議は、七名の社内取締役で構成され、コミッティ・オブ・ザ・ボードとしての位置づけで、ここでは取締役会の事前審議がおこなわれている。その内容は、事務局から社外取締役にもていねいに伝えられているという。内部委員会としては、このほかに、会長を議長とする指名委員会と、社外取締役を議長とする報酬委員会とがある。なお、取締役のうち、社内取締役の全員が、代表権を持つと同時に執行役員を兼務している。

図表7　ソニーの経営機構（概念図）

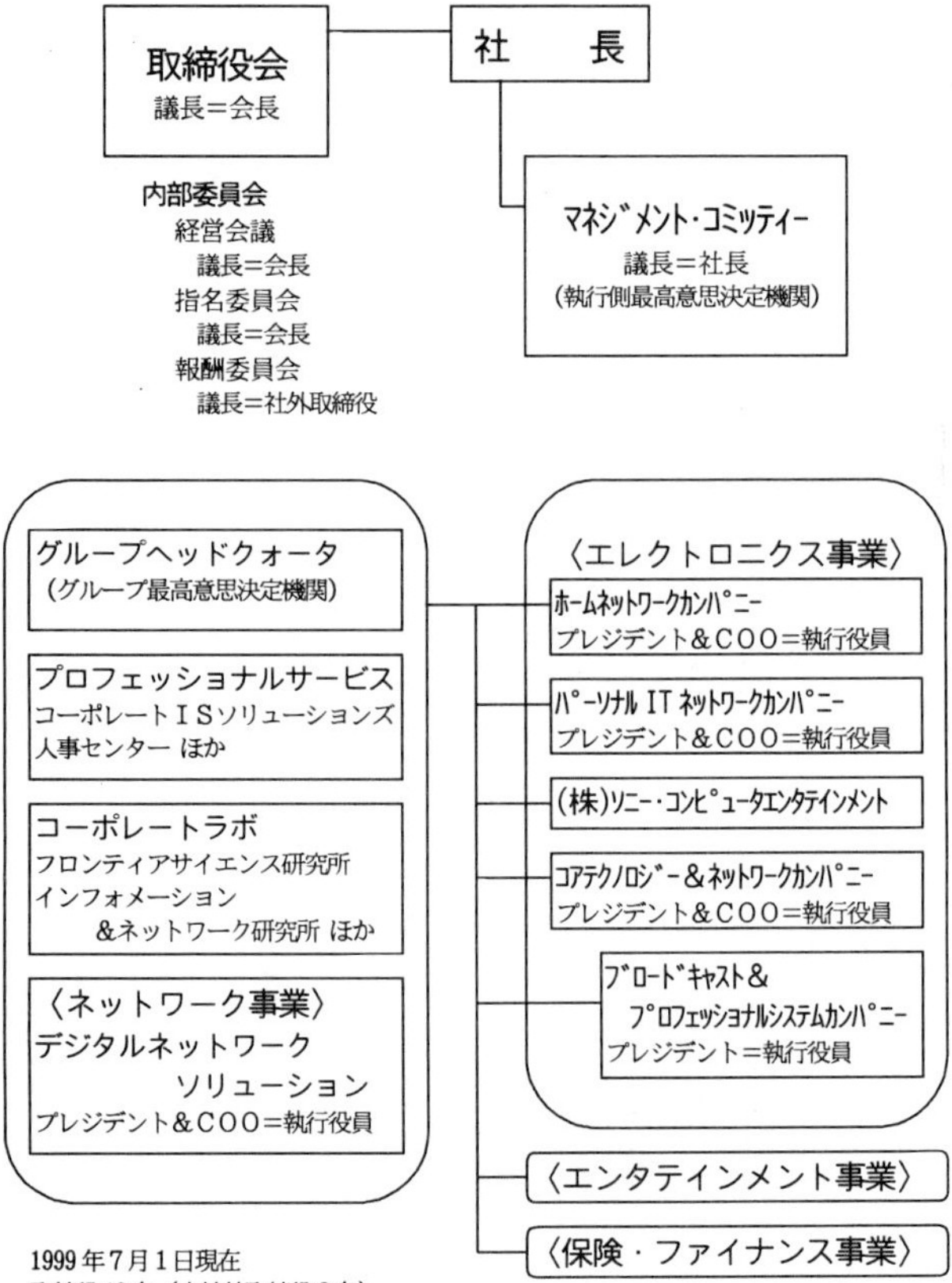

1999年7月1日現在
取締役10名（内社外取締役3名）
執行役員43名（内取締役兼務7名）

先に述べたとおり、ソニーでは、段階的に経営改革を進め、その第一段階として一九九四年にカンパニー制が導入された。ソニーにとっては、カンパニーがその事業の業務執行現場の組織単位である。したがって、ソニーでは、このカンパニーを中心に、本社部門、研究所等の個々の組織の責任者が執行役員に任命されている。その総数は取締役との兼務者を除くと三六名である。一方、業務執行側の最高意思決定機関として、社長を議長とするマネジメント・コミッティが置かれている。取締役会の方針のもとで、グループ本社の経営機関として、ソニー本体およびソニー・グループの戦略・計画立案とカンパニー等の権限範囲を超える事項の決済をおこなうとしているので、業務執行の意思決定についても、取締役会からかなり大幅な権限委譲がおこなわれていると見受けられる。

図表8は、東芝の経営機構を示したものである。

東芝のばあい、取締役の総数は一二名で、うち社外取締役は一名である。東芝が執行役員制度導入を柱とする経営機構改革に取り組んだのも、その大きな動機の一つに、取締役会という最高意思決定機関、業務執行監視機関をいかに効果的に機能させるかということにあった。取締役会にクオリティ（質）の高い経営判断を求める一方で、日常的な業務執行は思い切って業務執行側に権限委譲をおこなった。業務執行役員には、マーケットに近いところで、質の高い、タイムリーな判断を求めている。ちなみに、東芝の場合、社内分社は図表に見るとおり「社」

図表8　東芝の経営機構図（概念図）

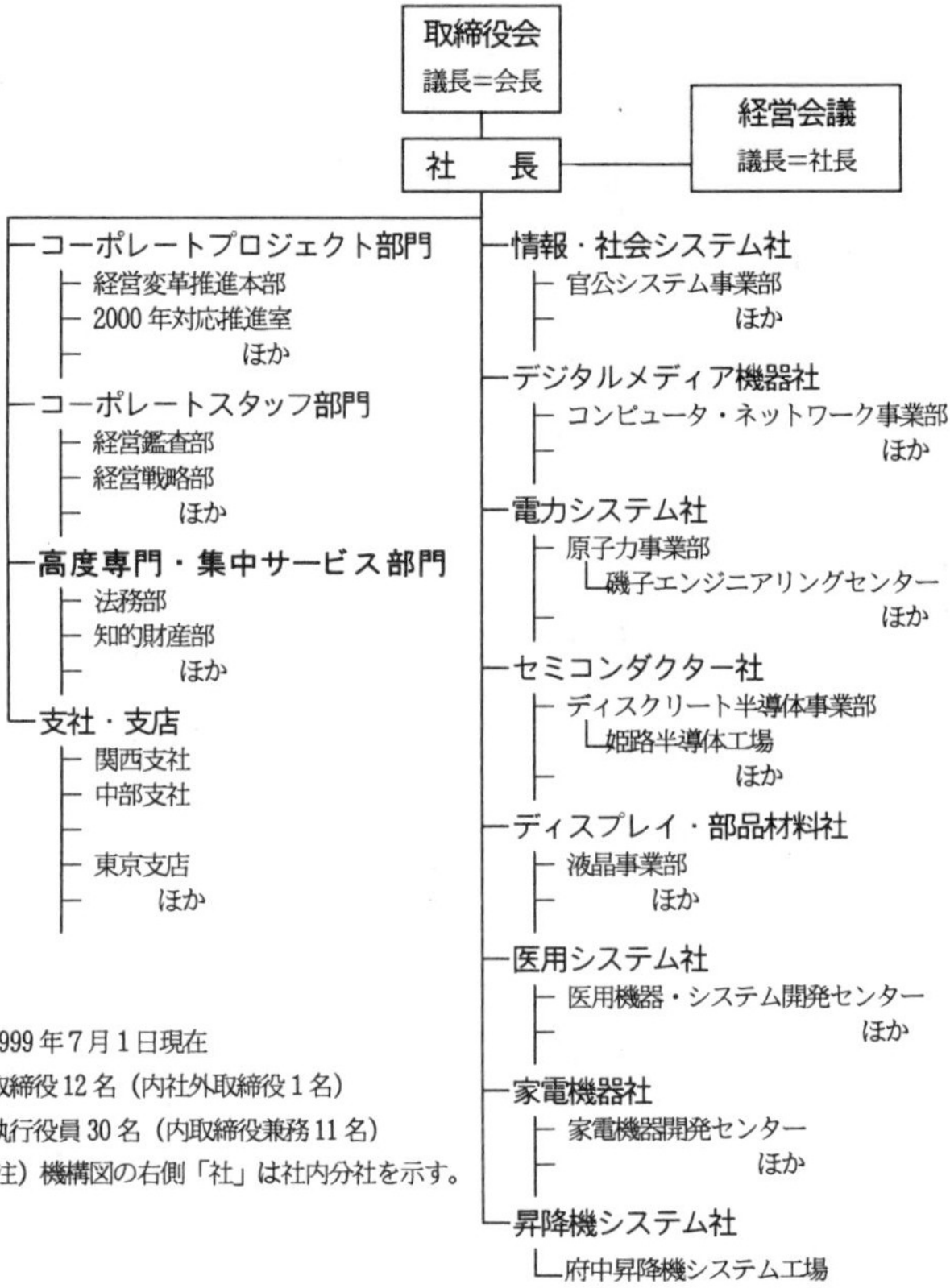

1999年7月1日現在
取締役12名（内社外取締役1名）
執行役員30名（内取締役兼務11名）
(注) 機構図の右側「社」は社内分社を示す。

と呼ばれている。東芝の取締役会の構成がソニーと比較して大きく異なっている点は、ソニーが特定の事業組織の責任者としてのカンパニーのプレジデントを取締役からはずしているのに対して、東芝は、取締役会を円滑に機能させるために、特定の事業を分掌している担当役員を数名取締役に残したということである。私流に解釈すれば、最高意思決定機関が、やはり直接現場のナマ情報を求めたということであろう。

日本で今日始まったこの経営機構改革が最終的にアメリカ型のボードとエグゼクティヴ・オフィサーのような形になるのか、ならないのか。もしアメリカ型を着地点と考えれば、ソニーの方がそちらに近いと言えよう。しかし、改革の過渡期にあって、現実的には非常に悩みのあるところで、多分、各社各様の対応をしていると考えられる。

また、東芝の場合は、経営会議が業務執行側の最高意思決定機関として置かれている。図表からも明らかなように、CEOである社長をサポートする機関として位置づけられている。すなわち、この経営会議は、あくまでも社長の意思決定機関であって、基本的には、社長を議長とし、その補佐である執行役員およびスタッフ部門の担当執行役員とで構成されている。事業部門の責任者は、取締役であってもこの中に含まれていない。このかぎりにおいては、業務執行面での最高責任者としての社長の地位が、より明確に位置づけられていると言えよう。

図表9は、日本興業銀行の経営機構を示したものである。

図表9　日本興業銀行の経営機構

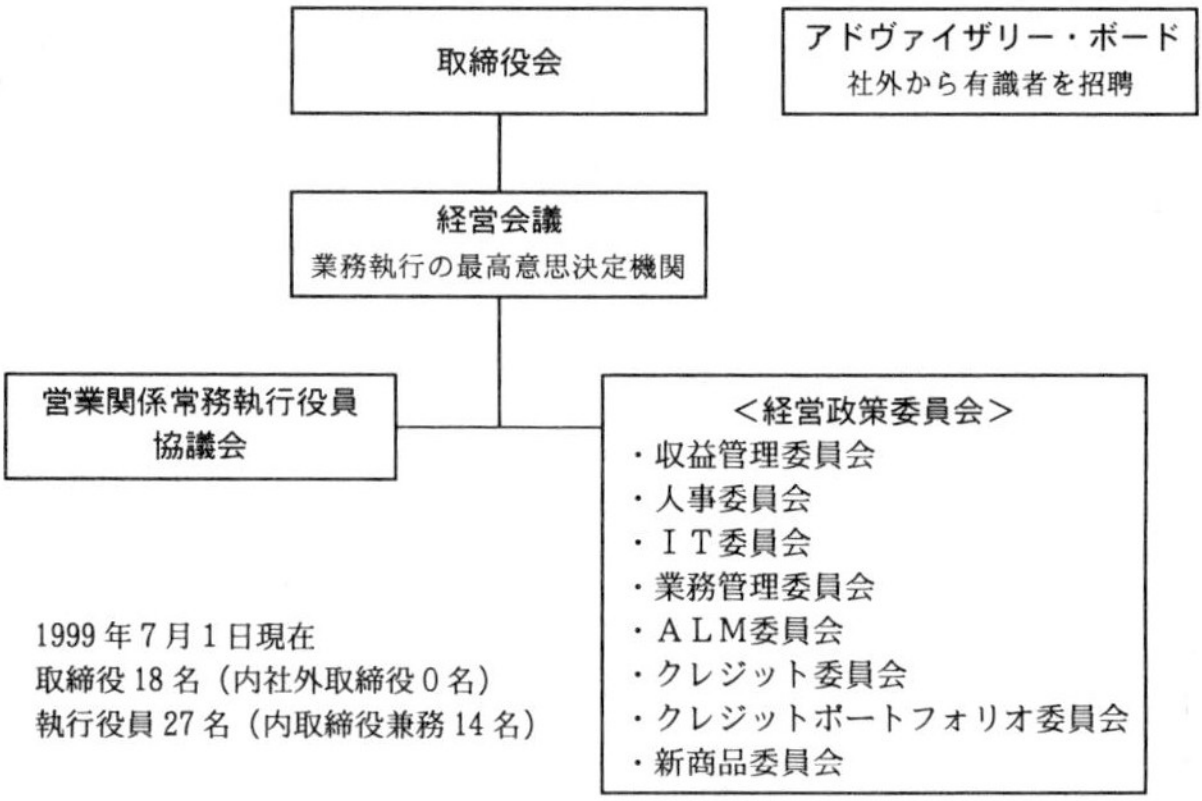

興銀の場合も、経営の意思決定と業務執行を分離・明確化することによる新しいコーポレート・ガヴァナンスの確立を目指して、執行役員制度を導入したとしている。これまでの常務取締役および取締役は、常務執行役員および執行役員となり業務執行に専念するとしたうえで、そのうちの一部が引き続き常務取締役を兼務するとしている。その結果、取締役数は、三一名から一八名に減少した。前二社に比較すると、それでもまだ取締役の数が多いのが目立つが、まだ過渡的な段階と言えよう。ただし、興銀の場合、これまで長期金融機関という業態の特殊性もあり常務以上の取締役全員が代表権を持っていたのに対して、今回の改革で、代表取締役は、頭取、副頭取と少数の常務取締役に絞られた。

同行では、ビジネスユニット制を導入し、「コーポレートバンキングユニット」、「市場ユニット」、「インベストメントバンキングユニット」、「証券・資産運用管理ユニット」の四つのコアビジネスに対応した収益管理体制を整備した。ビジネスユニット制は、金融機関としての一種のカンパニー制である。興銀の場合も、経営会議は業務執行の最高意思決定機関として位置づけられ、頭取、副頭取のほかに、ビジネスユニット長となる常務執行役員およびその他の若干の常務執行役員で構成されている。

大手銀行としての興銀の経営機構の特色は、経営政策委員会と営業関係常務執行役員協議会とにある。前者は、経営政策に関する諸問題について、経営会議が特定の業務執行を委ね、あるいは諮問する機関として設置されるもので、各委員会は、経営会議の構成員を委員長とする。また、後者は、営業部店を担当する常務執行役員を中心に、経営方針、業務運営方針を踏まえ、個別取引先、営業部店の営業方針を協議する機関として設置されたものである。

取締役会対執行役員

わが国にも執行役員制度が導入され、「長い目で見た戦略を考える取締役と、事業の現場を切り盛りする執行役員では、人材のタイプも違う」（第一部第1章、出井伸之ソニー社長）として、これまでの取締役（桃色）は、取締役グループ（白色）と執行役員グループ（赤色）に分類された。取締役は監視する立場に立ち、非取締役は監視される立場に立つ。なぜならば、取締役は企業内における株主の代理人であり、企業は株主が所有しているからである。事業目的は、株主利益を極大化するところにあるのだ。

取締役からシフトしてきた執行役員は、何か割り切れないものを心の中に持っている。しかし、アメリカでは、取締役を兼務しているCEOは、取締役部分は無報酬のことが多く、また、社外取締役の年俸も、日本円換算でせいぜい数百万円であるという。実績をあげている執行役員の方がはるかに高給取りなのである。すでに見てきたように、アメリカ型の執行役員制度では、取締役会は大きな経営方針を示した後は、日常の大部分の業務執行を、意思決定を含めて執行役員に委ねることになる。社外取締役が過半数とあっては、そうならざるをえない。これに対して、わが国では、まだ当分の間、そのような状態になりそうもない。なにしろ、執行役員を兼務する取締役が圧倒的に大勢いるからだ。彼らは、しばしば間違えて、赤い上着を着て取締役会に出席するのである。これでは、執行役員制度を導入しても、取締役会を含め、すぐれて日本型の制度運営が表れてくると見るのが現実的な考え方であろう。

そこで、非常に重要になってくるのが、経営戦略を立案、これに基づく経営指針を策定し、業務執行を監視する取締役会と、業務執行を担当する執行役員との間でどのような信頼関係を築き、どのような協力関係をつくるかである。この考え方は、執行役員制度導入というアメリカ的な課題を論じているときに、極めて日本的な発想と思われるかもしれないが、四〇年間日本の経営と付き合ってきた私としては、やはり両者の信頼関係、協力関係が重要であると考えたい。協力関係をつくってしまっては、厳しい監督はできないという主張があるかもしれないが、信頼関係が築かれていなければ、安心して業務執行に専念することはできないのだ。野球の監督と選手の関係と同じである。

両者の関係を考えるときに、私は次のように思う。

第一に、すでに述べたように、執行役員に対して取締役会から思い切った権限委譲がおこなわれなければならない。これなくしては、今日の日本では、執行役員制度を導入した意義がほとんど失われてしまうからである。しかし、権限委譲がおこなわれるからには、同時に、評価と報酬の支払いが公正におこなわれなければならない。そのためには、公平で明快な評価基準が示されている必要がある。これは非常に難しい課題である。昔から、銀行の支店長にも種まき型と刈り取り型の二つの典型的なタイプがあった。あまり短期の収益を重視すると、当面のキャッシュフローは増大するかもしれないが、やがて業績が先細りにならないとも限らない。さりとて、長期的観点を重んじすぎると、そのことが目先の収益が上がらないことの理由にされてしまう。評価基準は、まことに難しいものである。

第二に、執行役員の持っている現場情報をいかに取締役が共有するかである。大幅な権限委譲をしたにせよ、やはり経営戦略を練るためには現場情報が重要であり、また何よりもこれなくしては公明な評価ができないからである。また、頻度はそれほど多くないが、取締役会側からの情報発信もあるであろう。最終的には、前節で示した三社の例で言えば、取締役会と経営会議（ソニーのばあいはマネジメント・コミッティ）との接点の問題になる。しかし、よりナマ情報ということになると、このような会議体を通じた情報連絡にはどうしても限界が生じる。そこで重要になるのが、ネットワークである。ごく数年前までは、日本でも、権限委譲のヒエラルヒーに加え、情報連絡のためにピラミッド型の組織が必要であった。しかし、「E」の時代を目前にして、IT（情報技術）革命により、わが国にも、インターネットに象徴されるようなネットワークが急速に普及してきた。このネットワークが、少なくとも情報連絡の観点からはピラミッド型の組織を無用の長物とし、フラット型の組織に移行させてしまったのだ。経営上、このナマ情報は非常に重要な存在であるが、ネットワークが、問題のほとんどを解決してくれると考えていいであろう。

第三に、CEOとしての社長の存在が重要になる。この点は、昔も今も変わらないと言いたいところであるが、これまでの何人かの社長のように、社長室に座ったまま報告を受けるだけでは、これからのCEOは務まらない。取締役会を満足させることができないのだ。CEOは、活性化された執行役員のボスである。しかも、三社の例を見るまでもなく、取締役会と執行役員側との接点に立ち、絶大な権限を握っているのだ。そして、その彼に求められているのは、リーダーシップである。CEOがリーダーシップを失えば、その企業に将来はない。

しかし、今、日本で進められている経営改革のもとでの取締役会には、株主の声がよほど大きくなれば別だが、そのような絶大な権限を握っているCEOの首をすげ替える力を持たない。これは企業にとって非常に危険である。そこで、CEOは、数少ない社外取締役であれ、その一人を指名委員会の議長に据え、いつでも自分の首を切ってくれと、伝家の宝刀を預けておくべきである。それができるCEOこそが、天下の名経営者と呼ばれる資格に値するものだ。

本部スタッフの機能

さて、このような経営機構改革をおこなって、経営機構全体が強力かつ有機的に機能していくために重要な役割を果たすのが、本部スタッフである。そこで、本部スタッフ部門のあり方を考えてみよう。

これまでも本部スタッフは重要な役割を果たしてきた。経営の中枢部に近い位置にあって、その実権を握っていたと言っても言い過ぎではないかもしれない。ボトム・アップ型の経営方式によって、彼らが、経営会議や常務会など、実質的な経営戦略や経営方針を決定する会議のお膳立てをしていたからである。まだ規制の厳しい時代にあって、経営上最も重要な情報は、監督官庁や業界団体からまず本部スタッフ部門に入ってきた。彼らのもとでこれらの情報が管理されるのだ。本部スタッフ部門は、これらの情報に基づき経営戦略や経営指針、経営計画の原案を作成し、これを会議体に付議する。各現場から上げられてくる提案は、本部スタッフが入手している情報に基づく価値基準によって取捨選択され、そのうえで会議体に付議される。したがって、経営会議や常務会と言えども、本部スタッフが組みあげた枠組みをなかなか超えることができない。やや極端に言えば、彼らが陰の経営者であったのである。取締役会ばかりか、ややもすると経営会議や常務会までが形骸化しかねなかったのだ。また、それで、経営が大きく方向を間違えることはなかったのである。

これからも、本部スタッフ部門は経営上大きな役割を果たす。しかし、役割の果たし方は、変わらなければならない。なぜならば、業務執行権限が大幅に執行役員に委譲されるとともに、取締役会で実質的な経営戦略や経営指針が審議されるようになるからである。本部スタッフ部門は、本部スタッフ部門としての現場であると同時に、経営機構全体のコーディネーター（調整者）の役割を果たさなければならなくなるのだ。しかし経営者は、あくまでも取締役であり、執行役員なのであって、本部スタッフが彼らの代役を務めてはならない。裏返して言えば、経営者は、これからは相当勉強しなければならなくなる。少なくとも、社内取締役は、経営全般について各種情報に精通していなければならない。多分、土曜日も日曜日も返上しなければならないであろう。

さて、ここまでは本部スタッフ部門を一つの概念でくくって説明してきた。しかし、この部門の機能が多岐にわたることは言うまでもない。大きく分ければ、企画、管理部門と専門機能部門とに分かれる。前者は、企画部、管理部、総務部等の名称で呼ばれている部門であり、後者は、財務部、経理部、法務部、広報部等の名称で呼ばれている部門である。企画部は、各事業部門の現場企画部門と区別して、総合企画部という呼称を使っている企業も少なくない。

企画、管理部門は、経営の中枢にあって、本来的な本部スタッフとしての機能を果たす部門である。自由化時代を迎え、重要な情報源が本部から現場へ拡散したとは言え、本部が収集すべき情報がなくなったわけではない。やはりグローバルな、あるいは時代を画するような事柄にかかわる大きな情報は、本部が入手できる立場にある。また、社内情報、例えば各事業部門の営業実績についても、これを収集、分析し、第一次的な評価をおこなうのは企画、管理部門の役割である。彼らは、本部スタッフとして、取締役を支援し、取締役会に対し、議案を付議する立場にある。また、CEO、COOに対する支援は、本部スタッフとしての重要な機能の一つである。

同時に、前述の機能と重複するが、取締役会、監査役会、経営会議、あるいはこれらに関連する各種本部委員会の事務局機能も、本部スタッフが果たすべき役割である。この中には、コーディネータとしての役割も含まれる。いくつかの経営機構で、いかに効率的に、実質的な経営案件が審議されるかは、半分は彼ら本部スタッフの能力にかかっているのだ。残り半分は、言うまでもなく経営者の能力の問題であり、努力の問題である。これまでと同じように、ボトム・アップ方式で問題が処理されるようでは、経営者の能力に問題があると言わなければならない。とくに、CEOは、リーダーシップを持たなければならないのだ。

専門機能部門は、企業の中枢部にあって専門機能を発揮する部門である。規制時代から自由化時代を迎え、また、そのこともあって厳しい競争時代を迎え、これから、この専門機能部門の重要度が非常に増してくる。

例えば財務部門は、市場で真剣勝負を求められる時代に入っているのだ。これまでのメイン・バンクは、いささか小うるさい存在ではあったが、関係さえ良好に保っておけば、いざというときは、資金繰りを支援してもらえた。しかし、直接金融へ移行するとそうはいかない。資金調達市場で直接金融のメリットを感じるのは、数少ない優良企業のみである。なぜならば、資金調達をしようとする企業は、市場で厳しい評価を受けなければならないからである。この評価を業務とする格付け機関が手ぐすねを引いて待っているからだ。メイン・バンクのように甘くはない。一歩間違えば、企業は資金調達の道を断たれ、資金繰りが回らなくなるか、そこまでいかないまでも大傷を負うことになる。

法務部門の重要度もますます増してくる。私は好きではないが、日本も、アメリカとは程度の差こそあれ、訴訟社会になるからである。なぜならば、規制社会から自由社会に移行するからである。規制社会にあっては、ルールの大半を行政が仕切っていた。しかし、自由社会になれば、行政は限りなく後退するので、もめごとは私人対私人の争いになり、決着は訴訟でつけなければならなくなるのである。一〇年以上も前から規制緩和を強く主張している私が、訴訟社会は好きでないというのは、考え方として矛盾していると言うべきかもしれない。

広報部門も、経営者にとっては気掛かりな存在である。自社が関係した事件が発生したときに、この部門の第一声を間違えるとCEOの命取りにもなりかねないからである。企業としての危機管理に深くかかわっているのだ。もちろん、彼らの本業が、日頃からパブリック・リレーションを大切にし、経営を限りなく透明にすることにあることは言うまでもない。

いくつかの事例を挙げたが、本部の専門機能部門はこれだけにとどまらない。そして、ここでの責任問題は、ほとんど直接的にCEOにつながるものであり、同時に取締役会の責任になるものであることは銘記しておかなければならない。

第4章　経営者はプロでなければ務まらない

経営者はプロでなければ務まらない

プロとしての経営者に何が求められるか

これから日本が迎えようとしている新しい時代は、専門家の時代である。それは、経済社会のありようが、これまでの工業社会と大きく変化するからである。企業経営もプロでなければ務まらなくなるのだ。このことは、次の三つの面から指摘できるであろう。

まず、第一に、「E」の時代が訪れる。すでに述べたとおり、「E」の時代とは、電子情報化時代である。ダニエル・ベルは、この時代をポスト工業社会の時代と呼んで、すでに三〇年以上も前に、職業分布で、専門職・技術職階層が優位に立つことを予測した。工業社会は、ベルト・ラインの横に立ってモノを組み立てる産業を中心とする経済社会である。したがって、職業人口の多数派を占める工場労働者は、半熟練労働で十分仕事が務まった。しかしながら、ポスト工業社会は、情報化社会であり、知識産業中心の社会である。ベルが言うように、専門職・技術職が多数派を占めるようになるのだ。すでに、わが国でも、これまでの医師や弁護士、公認会計士などに加え、気象予報士、証券アナリストのような新しい分野の職業資格が重要になりつつある。リストラ時代を迎え、ホワイトカラーも、常に「あなたは何ができるのか」を問われているのである。

しかし、そのことと経営者と何の関係があるのかという疑問が生じるであろう。私は現場主義者であって、現場を知らなければ経営は務まらないと考えている。現場の電子情報化が進み、専門度が高まれば、経営者もこれについていかなければならない。さらに、経営自体が高度にIT（情報技術）化していくが、経営者は自らこれをこなしていかなければならない。この面から言えば、経営者にも専門職・技術職の要素を求められるのだ。

第二に、工業社会の時代は高度成長時代であったが、ポスト工業社会の時代は安定成長時代である。しかし、安定成長という言葉とは裏腹に、「E」の時代は、個別産業、個別企業にとっては、ひどく荒れる時代である。企業として、チャンスを摑《つか》めば成長の波に乗ることができるかわりに、失敗すると一瞬で倒産に追い込まれる時代である。高度成長時代は、経営判断に少々失敗があっても、高度成長であるがゆえに、時間がたてば問題は自然に解消していったものだ。したがって、待ちの経営が通用した。しかし、これからは、全企業を平均してみてもせいぜい安定成長という厳しい経営環境の中で、経営者は、極端に言えば、毎四半期ごとに結果を出していかなければならないのである。これからは、プロの経営者でなければ務まらないのだ。

第三に、日本固有の事情であるが、これまでの日本は規制社会であった。厳しい規制のもとで、経営は行政によって守られていたのである。たとえば、いわゆる高度成長時代には、大手銀行の月末ごとの預金残高順位は厳密に管理されていた。一行だけが跳ね上がり者になって、ある日突然順位を逆転することは許されなかったのである。したがって、これでは銀行頭取は誰でも務まるではないかと言われたものである。事実そのとおりであったが、このことは、多くの他の産業にも大なり小なり当てはまることであったのだ。しかし、これからは事情が一変する。規制が緩和されて自由競争時代に突入するとともに、外資系企業も参入して、日本列島の上でもメガコンペティション（大競争）が始まるからである。頭取や社長は誰でも務まるなどとは言っていられない時代が訪れたのである。

それでは、この新しい時代に、経営者はプロフェッショナルとして何が求められるのか。どの社会でも同じであるが、人格、識見という人間性が非常に重要であることは言うまでもない。また、組織を動かすのであるから、先見力、決断力、指導力も不可欠な要素である。本当は、これらは企業経営以前の問題であるが、これまでの日本社会では、これらの要件すら欠いている経営者が少なくなかったように思う。

そのうえで重要になるのが、経営全般の技術に関する知識、見識である。私は、これを一般教養科目と呼ぶことにしているが、法律、会計、金融、コンピュータなどがそれである。一言で経営者と言っても、本書で対象としているその範囲は広い。したがって、取締役であるか、執行役員であるのか、同じ執行役員であっても担当している業務が何であるのかによって、これら一般教養科目について求められる程度に濃淡の差はあるだろう。しかし、私は、CEOは、この一般教養科目についてかなり高度の知識、見識が不可欠であると考えている。

法律などは弁護士に任せておけばいいのではないかと思われるかもしれないが、それでは、取締役の心構えの第一歩から間違っていることになる。経営とは、法律の世界の話である。法律についての素養がなければ、弁護士の説明を正しく理解することすらできない。弁護士は、経営に対するアドヴァイザー、あるいは経営者の代理人ではあっても、当事者ではないのだ。最後に責任を取るのは取締役自身である。会計がわからなければ、株主との対話はできない。金融を知らなければ、市場からの警告を見落とすことになる。一歩間違えば、企業にとって致命傷だ。コンピュータは、今日では経営そのものである。コンピュータを単なる道具と考えてはいけない。製造業にあっても、サーヴィス業にあっても、コンピュータを制する者が経営を制するのだ。

以上の一般教養科目に対して、専門科目は、その属する事業分野の高水準の知識と将来の展望に関する見識である。経営者であるからには、これには限界がない。とくに執行役員は、自らの担当分野に関する知識、見識については、世界の中の第一人者をもって自ら任ずるぐらいにならなければならない。

さらに経営者に求められるのは、具体的な事例に即した訓練である。しかし、残念ながら、これまでの日本には充実したビジネス・スクールがほとんど存在しなかった。このような訓練を本格的に受けている経営者は、今日までのところは、アメリカでMBA（経営学修士）の資格を取得した者くらいであろう。経営者全体から見れば、その割合はごく限られている。このケース・スタディという面では、一般論で言えば、アメリカの経営者と日本の経営者とでは、実戦経験豊かなアメリカの軍隊と日本の自衛隊との差、あるいはそれ以上の開きがあるように思う。

日本型経営ではプロの経営者は育たない

本書では、日本型経営は遠からず跡形もなくなるとしている。したがって、これを前提にすれば、日本型経営ではプロの経営者は育たないなどと論じる必要はないはずである。しかし、少なくとも既存の経営者は、大半が日本型経営のもとで育ってきた経営者である。また、日本型経営は遠からずなくなると言っても、それはまだ何年もかかる話である。この間、毎年毎年多数の経営者が誕生する。一方、時代の方は速いテンポで変化する。既存の経営者やこれから生まれてくる経営者たちがこのことを自覚し、また株主がこの事実を認識しておくためにも、ここで、プロの経営者を育てるという観点から、これまでの日本型経営をもう一度検証しておく必要があるように思う。

日本型経営で、なぜプロの経営者が育たないか。それは、取締役になることが、これまでのサラリーマンの一つのゴールであったからである。もちろん、大半の人がその上を目指している。しかし、それは社内でただ昇進することを狙っているのであって、そのことが改めて経営者として大仕事に取り組むのだということを自覚しているわけではないのである。意識のうえでは、従業員の延長でしかないのだ。取締役になることが一つのゴールであるということは、若者にとって、大学生になることがゴールであるのと似ている。大学生になることは出発点に立つことであるにもかかわらず、若者にとってはそれがゴールなのである。

サラリーマンにとっては、取締役になることが一つのゴールなのだ。実は、従業員の仕事と、取締役や監査役の仕事が、その内容においても責任においても、まったく違うにもかかわらず、である。意識の切り替えができていないのだ。また、若い頃から経営の何たるかを自ら学んでいるごくごく少数の人は別として、サラリーマンの企業体験では、ほとんど経営を学ぶ機会はない。ごくまれに、幸運にして偉大な経営者である先輩に接することのできる人が、丁稚が親方から技術を盗むように、経営の何たるかを自ら学んでいるくらいのものである。しかし、それはごく少数の例外的存在である。大多数のサラリーマンは、取締役や監査役になったときは、経営者としてはまったくの素人なのである。しかも、昇進したという意識はあっても、従業員から経営者に立場が一八〇度変わったのだという自覚はないのだ。

その大きな原因は、従業員から取締役に変わっても、日常業務の大半がこれまでの業務と変わらないからである。すなわち、部門長になり、その地位が、ボトム・アップで提案する立場から、これを受けて決裁する立場にこそ変わったものの、業務の質は変わっていないのだ。提案する立場と決裁する立場といっても、ほとんどの案件は事前に関係者のコンセンサスが得られており、部門長として判断しなければならないことはほとんど残されていないのである。すなわち、日常の業務は、使用人の立場でおこなっているのであって、使用人兼務なのである。経営者としての仕事は、月一回ほど取締役会に出席することと、年一度の株主総会に出席して株主を前に雛壇《ひなだん》に並ぶことくらいであって、緊張感すらほとんどないのが通常である。

この間、日常業務には没頭するが、経営者としての一般教養科目を自習するわけでもなければ、外へ出て、ケース・スタディにチャレンジするわけでもない。ましてや、志ある者は別として、取締役になったような人で、改めて経営学を学ぶために夜間大学院の門を叩く人などは、皆無に近い。すなわち、新任の取締役になったときに経営者として素人であったばかりではなく、取締役になってからも経営者としてはさっぱり成長しないのだ。

さらに上席の取締役について言えば、少なくともこれまでは株式持合い経営であった。また、いざというときには、メイン・バンクがついていてくれた。経営者としての緊張度は非常に小さいのだ。一人前のプロとしての経営者でなくとも、この程度ならCEOも務まるであろう。

市場原理に晒されるこれからの経営者

おそらくここに述べたことに、多くの読者から反論が出そうである。少なくとも、わが社ではそのようなことはない。自分は、もっと緊張度と使命感を持ってCEOを務めている。社長の責任がいかに重いか、毎日胃袋に穴があくほど悩んでいる、などなど。何人か知遇を得ている社長の顔が見えるようである。私も、すべての企業や経営者がそうであると言っているのではない。平均的な姿を述べたまでである。例外はいくらでもあるであろう。ただし、この数行の文章の中に、明らかな間違いが一つある。それは、「わが社」である。このことに気がついた読者が何人いるだろうか。社長、あなたが経営している企業は、あなたやあなた方の企業ではないのだ。株主の企業なのである。ビジネス社会は、ここのところから根本的に変わろうとしているのだ。経営の姿が大きく変化していくことを改めて指摘したい。

さて、アメリカでは、経営者はどのようにして育つか。

まず、日本と異なり、ビジネス・スクールが非常に発達している。学問として経営を学ぶのである。しかも、それは経営そのものであって、経営学ではないのだ。日本で、いかにして学部や大学院で経営を学べるか。政治学は、広い意味での経営に役立たないわけではないが、本来経営のための学問ではない。法律学は、その一部が経営の技術としては役に立つ。しかし、そこまでである。経済学が、経営環境を見通すときの多少の参考にはなるとしても、経営の実務にほとんど無縁であることは誰もが知っている。経営学は、それが机上の学問であるうちは、経営にはほとんど役に立たない。すなわち、日本の大学で、学士課程と呼ばれてきた学部段階で、実践的な経営を学ぶことはほとんど不可能である。

それでは、日本の大学院で経営を学ぶことは可能であるのか。私の知るところでは、今日の日本では、まだそれはほとんど不可能である。なぜならば、アメリカのような実践的なMBA（経営学修士）の資格を取得できるビジネス・スクールが十分発達していないからである。最近、日本でも、現役ビジネスマンが通学できる夜間大学院が誕生しているが、経営の実践を教える場としては、まだ力と経験が不足しているようだ。経営という学問は、すぐれて実践的な学問である。日本には、ケース・スタディをするだけの教材もなければ教授も不足しているのが実状である。とてもアメリカにはかなわないのだ。

アメリカと日本とでは、雇用形態がまったく異なるが、アメリカでは、MBA資格取得者は、最初から経営者の候補者として採用される。結果の平等が重んじられる日本では、どこの高校や大学で何を学ぼうとも、終身雇用制のもとで、少なくとも形式的には、全員が同じ資格で採用され、同じスタート・ラインから出発するのだ。大学院で経営学を学んだことなどは、経営者候補として何の役にも立たないのである。終身雇用制であるから、アメリカと異なり、一度社会人として実務の経験をした後に、再び大学院に戻り、改めて経営の学問の研鑽を積むということもほとんどない。要するに、大学や大学院を修了した若者も、経営に関してはズブの素人なのである。

さて、アメリカでは、経営者も、若いときから経営者として育つ。すなわち、サラリーマンが、そのゴールとして経営者になるのではなく、若いときからプロの経営者として育っているのだ。彼らは、当然のごとく転職をする。そして、転職ごとに、マーケットで改めて評価を受けることになる。彼らは、市場で育つと言ってもよい。しかし、その市場の評価は厳しい。この評価に耐えられなければ転職ごとに年収を下げ、そのうちに、ふつうの労働者になってしまうことだってあるだろう。

CEOが市場でスカウトされる例は、前々章で、日経ビジネスに紹介されているEDSのCEO、リチャード・ブラウン氏に触れた。彼は、英国際通信大手のケーブル・アンド・ワイヤレス（C&W）の社長として、同社を通信業界の世界的リーダーへと立て直した実績が高く評価されたのである。

同誌は、さらに、米宇宙・航空大手のヒューズ・エレクトロニクスのCEOから米長距離通信最大手のAT&Tの会長兼CEOに転じたマイケル・アームストロング氏を紹介している。彼は、AT&Tにおいて「二万人の人員を削減し、合理化に大なたを振るう一方で、地域電話やインターネット、移動体通信などの新規分野で総額七五〇億ドル以上の企業買収を実行した」としている。七五〇億ドルは、日本円換算約八兆円の驚くべき数字である。その結果、AT&Tの評価は、一年余りで、「じり貧の国内長距離電話会社」から「高成長の国際通信・情報会社」へと大きく変わった。一九九八年の一年間に、このアームストロング氏に対し、ストック・オプションを除いて六三〇万ドルの報酬が支払われたという。

ここに紹介した事例は、プロの経営者とはいかなるものかを示すものである。もちろん、アメリカでもこんな事例ばかりではあるまい。しかし、こうした事例が珍しくないことも事実である。そして、そこには、CEOは市場から選ぶものという常識があるのだ。日本とは、まったく異なった企業社会風土である。日本には、日本固有の歴史、制度、慣行を背景にした日本の企業社会風土がある。これが短期間にすべてアメリカ化するとは思われない。しかし、日本版ビッグバンを経て、日本の企業社会風土も徐々にアメリカの影響を受けることは避けられない。それは、短期間ではわずかの変化であっても、私たちにとっては、かなり大きな変化と感じられるものに違いないであろう。

執行役員はプロの経営者になれるか

本書の中で、プロフェッショナルとはかくあるものというところを示してきた。実は、どの分野であれ、本物のプロであることは極めて難しいものなのだ。しかし、すでに述べてきたように、「E」の時代はプロの時代である。本物のプロでなければ職業人として通用しない時代がやってきたのだ。

これまでの日本社会は、そうではなかった。道を知らないタクシーの運転手、私語の絶えない百貨店の売り子、さっぱり見通しの当たらないエコノミスト、商品知識を持たないセールスマン、ゴマのすり方しか知らない気楽なサラリーマン、不良債権の山を築く銀行員、経営判断のできない経営者などなど、素人集団の社会であったのである。

しかし、これからは変わる。変わらなければ、日本は国際社会から脱落する。それでは、どう変わるのか。職業人として誰もがプロになるのだ。本書では、執行役員を経営者と定義して話を進めてきた。したがって、本書では、執行役員は経営者であり、誰もがプロにならなければならない時代であるから、執行役員もプロの経営者にならなければならないのだ。「なれるか」ではなく、「ならなければならない」のだ。

それでは、どうすればプロの経営者になれるのか。ポイントは二つ。まず第一に、自分の担当業務について、世界の中の第一人者になる努力を怠らないことである。その努力をやめたときが、プロではなくなるときである。第二に、取締役になったつもりで、経営を理解することである。経営全体を理解するのでなければ、執行役員は務まらない。必要があると考えれば、自信をもって取締役会に意見を具申してよい。ただし、執行役員は絶対に現場から足を離してはならない。なぜならば、現場情報こそ、執行役員の武器だからである。

私は、日本の取締役会の改革は非常に難しいと思う。人数を減らせばうまくいくという簡単なものではないはずだ。悪くすると、これまでよりももっと経営機関としての存在感が希薄になるのではないかとすら危惧《きぐ》する。そもそも、アメリカでさえ、若干の例外を別にすれば、取締役会の運営が必ずしもうまくいっているとは言えないのではないか。ＣＥＯが相互に他社の社外取締役を務めているようでは、すべての企業の取締役会が有効に機能しているとは考えられない。しかしながら、わが国でも、ＣＥＯがよほど本気になって取締役会改革に取り組めば別である。まだ試行錯誤の期間ではあるが、先駆者ソニーのように、そのような努力をおこなっている企業も見受けられる。

取締役会の改革の困難さに比較すれば、執行役員制度を本来あるべき姿に育てる方が、はるかに容易ではないか。なぜならば、執行役員制度については、例えば取締役会に見られる、短期間に社外取締役の数を増やすことは不可能であるといったような決定的障害がないからである。執行役員がやる気さえ出せば、短い期間のうちに相当実効を上げることができるのではないかと考えられる。ただし、その場合、重要なことは、評価基準が明快かつ公正であることである。評価があいまいであっては、そもそもプロは育たない。そして、ここでもカギを握っているのが、CEOである。CEOは文字どおり執行役員のヒエラルヒーの頂点に立っているのである。

このように見てくると、執行役員制度の導入によって、CEOのスケールや力量が問われることになる。CEOがリーダーシップを発揮し、CEOらしい働きをすれば、おのずから執行役員のプロとしての自覚が高まり、執行役員制度が成功する確率は高く、そうでなければ、執行役員制度は失敗する確率が高い。執行役員制度を導入した企業は、その結果が遠からず出てくるはずである。

いずれにせよ、日本においては、執行役員制度を導入する前から、企業を動かしていたのは執行役員に選ばれた人たちである。彼らが桃色の上着を脱ぎ捨て、赤色の上着を着用したことによって、業務執行という彼らの機能が鮮やかに浮かび上がってきたのだ。企業の命運は、彼らの双肩にかかっていると言えよう。

私は、本書冒頭の第一部第1章で紹介したソニーの出井伸之社長のコメントにあるように、「長い目で見た戦略を考える取締役と、事業の現場を切り盛りする執行役員では、人材のタイプも違う」とは必ずしも思わない。多分、長い談話の中から引用された短いコメントであろうから、私が誤解しているのかもしれないが、執行役員はタイプもさまざまである。また、そうでなければ企業は強靭《きょうじん》にならない。取締役やＣＥＯは社外からという考え方には反するかもしれないが、近い将来、わが国で社外取締役が大勢誕生するとは考えられず、そうした中で執行役員から取締役が誕生しても、さらにＣＥＯが誕生しても、少しもおかしくないではないか。執行役員の活躍を期待したい。

あとがき

日本に執行役員制度が誕生したのは、つい二年余り前である。思えば、この二年余、日本の経済界には大型の嵐が吹き荒れた。三洋証券、北海道拓殖銀行、山一證券が相次いで破綻したのは、ちょうど二年前の一一月であった。昨年の秋から暮にかけ、日本長期信用銀行、日本債券信用銀行がレッドカードを渡され、市場から退場して行った。私たち戦前を知らない現役のビジネスマンにとっては、こうした一連の出来事は未曾有の体験である。

この二年間、日本経済は死の危機に瀕していたと言っても過言ではない。ニューヨークやロンドンから発せられた日本発世界恐慌の可能性に対する警告は、決して脅しではなかったのだ。私自身、四〇年間のビジネスマン生活から、そのことを肌で感じていた。事実、この危機は、日本経済にとり一九九〇年代の資産デフレのひずみ、工業社会からポスト工業社会（情報社会、知識社会）への構造的転換、冷戦終結後の国際秩序の再構築が折り重なって襲ってきたもので、すでに体力の疲弊しきっていた日本経済にとり、容易なものではなかった。

私自身、こうした出来事に、全く埒外《らち》ではなかった。

私が、UBS（スイス・ユニオン銀行）とSBC（スイス銀行）との合併の報に接したのは、まさにその当日、一九九七年一二月八日朝、まだ薄暗い中をドルダー・グランド・ホテルからチューリッヒのハウプトバーンホーフ（中央駅）へ向かう車の中であった。車は、雪の坂道を下っていた。スイス三大銀行の一つで、名門とされているSBCに、私は、一九六六年（昭和四一年）前半の半年間、研修生として滞在した。同じ三大銀行の一つであるUBSとの合併のニュースを、感慨深く聞いたものである。SBCは、その五ヶ月前に、日本長期信用銀行が提携を決めていた銀行でもある。この大合併によって長銀はどうなるのか。ふと、そう思った。

私がいま仕事をしている和光経済研究所の親会社は、和光証券である。この和光証券で、かつて、二〇年ほど前になるが、私は企画管理室長として三年間仕事をした。和光経済研究所を設立するために大蔵省に何度も足を運んだものである。その和光証券は、二〇〇〇年四月に新日本証券と合併して、新光証券となる。そのとき、私は、この研究所を去らなければならない。戦後、マックアーサーが罷免されて日本を去るときのことばが思い出された。「老兵は死なず。ただ去るのみ」。

日本興業銀行が、第一勧業銀行、富士銀行と事業統合を行なう。二〇〇二年春には、日本興業銀行の名称は、第一勧業銀行、富士銀行の名称とともに消えてなくなる予定である。日本興業銀行は、一九〇二年（明治三五年）三月、政府により、わが国における殖産興業のための安定的な資金供給を目的として設立された。ちょうど二〇〇二年三月に、創立一〇〇周年を迎える。私は、この興銀で、三二年間、従業員として、終盤は取締役として、仕事をした。その職場は、戦後日本の発展する産業の渦の中にあった。そこで、私は、数えきれないほどの企業の経営者や中堅幹部と接する機会を得、実に多くのことを教えられ、実に多くのことを学ぶことができた。幸運であったと思う。興銀は、ただひたすらに産業とともに歩んできた。しかし、その興銀が消えてなくなる。私自身の中の興銀は消えてなくならなくとも――。

日本経済は、現在、激変期を通過中である。激しい変化ということで言えば、この激変期は限りなく続く。しかし、企業経営の観点から見て、戦後五〇年の経営体質からの脱皮ということであれば、それは、ひとまず経営のグローバル・スタンダード化によって完了する。個々の企業が質的にどこまで達成できるかは別として、時間的に見れば、あと五年であろう。私の感覚で言えば、いま、ちょうど三分の一を通過したところである。残された三分の二の五年間で、日本の経営は様変わりするだろう。

そのときのキーワードは、コーポレート・ガヴァナンスである。なぜ執行役員なのか。本文の中でもいろいろ述べてきたが、最後に行き着くところはコーポレート・ガヴァナンスのあり方である。執行役員制度は、その運用の仕方によって、経営の姿を大きく変えるものである。その、どこが変わるのか。それは、コーポレート・ガヴァナンスのあり方であると思う。異論も多いと思うが、私は日本型経営は崩壊すると考えている。それは、コーポレート・ガヴァナンスのあり方が完全に変わらなければならないからである。

本書を執筆するに当たって、参考文献欄でご紹介するが、社団法人商事法務研究会編「執行役員制の実施事例」を大いに参考にさせてもらった。まだ、執行役員制度の実施事例が少ない中で、同書は貴重な情報源である。これも同欄で触れるが、同じ商事法務研究会の月刊誌「取締役の法務」一九九九年九月号に、私の所論「プロの経営者を育成」が掲載された。実は、その九月号を手にして、私は、同号から一一月号にかけ、興銀の先輩、故中村金夫氏の追悼特集が組まれていることを知った。標題は「コーポレート・ガバナンスを語る」である。一九九四年二月、中村氏を中心に、舞浜の東京ベイヒルトンホテルで開かれた舞浜会議への参加者一二人が、こもごもに企業経営について語っているのだ。今井敬氏や牛尾治朗氏など現代の日本を代表する企業経営者一二人が語る経営論は、いかにコーポレート・ガヴァナンスが奥行きの深い概念であるかを教えてくれるものである。

私は、現在、日本の経済や経営は革命の真っ只中にあると考えている。革命は、過去の価値観や秩序を破壊するところから始まる。私が、株主利益の最大化にコーポレート・ガヴァナンスの原点を求めたことは、考え方によっては暴論と言えるかもしれない。しかし、世界の変化の速度に合わせて日本を変えていくためには、どうしても緩慢な改革では間に合わないと考えているのだ。私たちは、一日も早くこの革命を完了しなければならない。そのうえで、新しい理念に基づいて、二一世紀に通用する、世界標準として評価されるに値する日本の新しい経営スタイルを構築したいものである。それは理論ではない。経営の現場からでなければ生まれてこないものなのだ。

私は、古くからの仕事の関係で企業経営に強い関心を持っている。二年半前には、平岡証券の元会長小林武氏と「株式持合いの解消と資産再評価に関する政策提言」をおこなった。この新聞記事を読んですぐに駆けつけてくれたのが、大学院（修士課程）の学位論文で「株式の持合と企業法」を論じた弁護士中島修三氏である。同論文は、一九九〇年、商事法務研究会から出版されている。私は、現在、中島氏の主宰する「会社の法務と税務研究会」の仲間に入れてもらっている。本書で取り上げた執行役員論は、このような脈絡の延長線上にあるものなのだ。

今回、本書の執筆に当たっては、同僚の和光経済研究所取締役総務部長木村由紀雄氏に、原稿段階でいくつかの有益なアドヴァイスをもらったことをご披露しておきたい。また、最後になったが、本書の出版につき、その機会を与えていただいた文藝春秋、ならびに、お世話をしてくださった同社文春新書部長東眞史氏に、心から感謝申し上げたい。

一九九九年晩秋　東京・元代々木町の自宅にて

著者

参考文献

今次執筆に当たっては、社団法人商事法務研究会編『執行役員制の実施事例』（別冊商事法務No.二一四）に大幅に依存した。とくに、第一部第1章のソニーにおける執行役員制度導入の経緯については、同書より、ソニー経営業務室課長西村茂氏執筆の〈ソニーグループの経営機構改革〉を、また、同章と第三部第2章のアメリカの役員制度については、弁護士元木伸氏執筆の〈商法からみた「執行役員」〉、福岡大学教授畠田公明氏執筆の〈執行役員の法的地位と責任〉および弁護士・ニューヨーク弁護士武井一浩氏執筆の〈米国型取締役会の実態と日本への導入上の問題〉を参考にした。さらに、第三部第3章のソニー、東芝、日本興業銀行の実例については、前二社は、同書前掲西村氏の論文および同書掲載座談会記録〈経営環境の変化と企業の取締役会改革〉より、ソニー経営業務室長須藤岳史氏および東芝法務部長小林利治氏の発言と、この両社および興銀について各社広報部門より入手した組織図等の情報を参考にした。ただし、ソニーおよび東芝の組織は極めて流動的で、同章で紹介した経営機構図は、その概念を示すために、同書掲載の組織図と著者が執筆時に入手した直近の組織図と、時点の異なる組織図を合成して作成したものであることをお断りしておく。なお、執筆者、発言者の肩書きは、同書掲載によるものである。

また、本書全体の構想をまとめるに当たっては、『日経ビジネス』（日経BP社）および『財界』（財界研究所）の最近一年分を改めて参照した。なかでも前者については、一九九八年七月二〇日号〈ソニー流取締役会改革から1年〉、一九九九年二月八日号〈取締役会は変わったか〉、同四月五日号〈「市場」からCEOを選ぶ米企業〉、同九月一三日号〈執行役員制に三つのハードル〉、後者については、一九九八年八月二五日号〈これからの取締役の条件〉、一九九九年八月二四日号〈社外取締役に就任した大物経営者は何を発言するか?〉を参考にした。さらに『週刊ダイヤモンド』(ダイヤモンド社)一九九九年五月二二日号の〈カンパニー制・執行役員急造の落とし穴〉も、執行役員制度のあり方を考えるに当たって、おおいに参考になる記事であった。

なお、第二部第1章「E」の時代の「動」の経営については、「E」の時代を十分論じる紙幅がなかったが、関心をお持ちいただいた読者には、拙著『「E」の時代　日本が動き出す』(経済界、一九九七年)をご紹介したい。また、第三部第4章　経営者はプロでなければ務まらないについては、商事法務研究会の『取締役の法務』一九九九年九月号で著者がインタビューを受けた「プロの経営者を育成」の中にやや詳しく論じてあるのでご参考にしていただきたい。

吉田春樹（よしだ はるき）

1935年、東京生まれ。59年、東京大学法学部卒業。東京大学法律相談所第十二期出身。同年、日本興業銀行入行。同取締役産業調査部長。98年より和光経済研究所理事長、和光証券社外監査役を兼務。経済審議会、産業構造審議会専門部会委員等を歴任。著書に、『米国産業の実力』（編著、日本経済新聞社）、『地球新時代　日本の構図』（東洋経済新報社）など多数。

文春新書

084

執行役員《しっこうやくいん》

平成12年1月20日　第1刷発行

著　者　吉田春樹
発行者　白川浩司
発行所　株式会社　文藝春秋

〒102-8008　東京都千代田区紀尾井町3-23
電話（03）3265-1211（代表）

印刷所　理想社
付物印刷　大日本印刷
製本所　大口製本

定価はカバーに表示してあります。
万一、落丁・乱丁の場合は送料小社負担でお取替え致します。

ISBN4-16-660084-2